NO RUMO
DE UMA LINGUÍSTICA INACABADA

ENSAIO DE LINGUÍSTICA FUNCIONAL

CHRISTOS CLAIRIS

Professor Catedrático de Linguística Geral na Sorbonne

NO RUMO
DE UMA LINGUÍSTICA INACABADA

ENSAIO DE LINGUÍSTICA FUNCIONAL

Tradução Portuguesa

de

Maria Joana Vieira dos Santos

Professora da Faculdade de Letras da Universidade de Coimbra

Peeters
2005

NO RUMO DE UMA LINGUÍSTICA INACABADA
Ensaio de linguística funcional

AUTOR
CHRISTOS CLAIRIS

TÍTULO ORIGINAL
Vers une linguistique inachevée
© Peeters Press Lovaina – Paris / SELAF – 2005

TRADUÇÃO DE
MARIA JOANA VIEIRA SANTOS

EDITOR
EDIÇÕES ALMEDINA. SA
Av. Fernão Magalhães, n.º 584, 5.º Andar
3000-174 Coimbra
Tel.: 239 851 904
Fax: 239 851 901
www.almedina.net
editora@almedina.net

PRÉ-IMPRESSÃO | IMPRESSÃO | ACABAMENTO
G.C. – GRÁFICA DE COIMBRA, LDA.
Palheira – Assafarge
3001-453 Coimbra
producao@graficadecoimbra.pt

Abril, 2008

DEPÓSITO LEGAL
272541/08

Os dados e as opiniões inseridos na presente publicação
são da exclusiva responsabilidade do(s) seu(s) autor(es).

Toda a reprodução desta obra, por fotocópia ou outro qualquer
processo, sem prévia autorização escrita do Editor, é ilícita
e passível de procedimento judicial contra o infractor.

Biblioteca Nacional de Portugal - Catalogação na Publicação

CLAIRIS, Christos

No rumo de uma linguística inacabada : ensaio de linguística
funcional. – (Linguística)
ISBN 978-972-40-3370-9

CDU 81-11

RESUMOS

Christos CLAIRIS – *No rumo de uma linguística inacabada – ensaio de linguística funcional*.
2005, Paris, Peeters – SELAF (NS 31)

Tendo postulado na "Introdução" os princípios de uma linguística que se pretende decididamente moderna, o autor estabelece a incompletude como horizonte simbólico de uma disciplina que, por respeitar os factos linguísticos inexoravelmente ligados aos factos das sociedades humanas, tem consciência dos seus limites.

No capítulo "Estrutura e liberdade linguísticas", estudam-se os mecanismos da mudança linguística, distinguindo diferentes tipos de variação. Apresentam-se algumas propostas teóricas que contribuem para integrar a dinâmica linguística e comprova-se o poder de previsibilidade das investigações realizadas nesta linha. É apresentada, nomeadamente, a teoria da *flutuação dos fonemas* e a tropologia dela decorrente.

No capítulo "No limiar da sintaxe: as classes", é tratada a problemática da identificação das "partes do discurso" ou "classes sintácticas" de uma língua, enquadrada numa história que remonta a Platão e a Aristóteles. À luz de uma experiência de cerca de trinta anos na descrição das mais diversas línguas, o autor apresenta as suas posturas teóricas e instrumentos metodológicos desenvolvidos no quadro da linguística funcional. Examina de igual modo os problemas ligados à oposição verbo-nominal e à identificação de uma classe verbal.

No capítulo "No coração da sintaxe: funções e núcleo central", especifica-se a definição e os contornos de uma sintaxe funcional, que se pretende essencialmente relacional. A tónica é posta na *determinação* enquanto operação fundamental da sintaxe, da qual decorre uma *hierarquia* entre as unidades significativas organizadas em torno de um núcleo central, o predicado. Neste quadro, a *função* é definida como uma unidade linguística de pleno direito, dotada de um significado e de um significante, e destinada a indicar a relação particular que duas unidades significativas podem sustentar entre si. Não obstante, é estabelecida uma distinção entre a natureza do significado das funções e a natureza do significado das unidades significativas. As funções são estudadas de acordo com a relação que estabelecem com o núcleo central, consoante pertençam à *zona central* ou à *zona periférica* em torno desse mesmo núcleo. É igualmente estabelecida neste capítulo uma distinção apurada e original entre uma *sintaxe nuclear* e uma *sintaxe conectiva*.

O último capítulo é consagrado ao fenómeno do desaparecimento das línguas, dando-se particular atenção à articulação dos factores externos e internos envolvidos neste processo, e propondo-se uma tipologia dos diferentes casos encontrados.

Christos CLAIRIS – *Vers une linguistique inachevée*.
2005, Paris, Peeters – SELAF (NS 31)

Après avoir postulé en "Introduction" les principes d'une linguistique qui se veut résolument moderne, l'auteur pose l'inachèvement comme horizon symbolique d'une discipline qui, respectueuse des faits de langue liés inexorablement à des faits de sociétés humaines, est consciente de ses limites.

Dans le chapitre "Structures et libertés linguistiques", on étudie les mécanismes du changement linguistique en distinguant différents types de variations. On fait un certain nombre de propositions théoriques qui contribuent à la prise en compte de la dynamique linguistique et l'on montre la force prédictive des recherches suivant cette voie. On présente notamment la théorie de la *fluctuation des phonèmes* et une *tropologie* qui en découle.

Dans le chapitre "Au seuil de la syntaxe: les classes", on se charge de la problématique de l'identification des "parties du discours" ou classes syntaxiques d'une langue donnée, en la remplaçant dans une histoire qui remonte à Platon et Aristote. À la lumière d'une expérience d'une trentaine d'années dans les langues les plus diverses, l'auteur présente ses prises de positions théoriques et des outils méthodologiques développés dans le cadre de la linguistique fonctionnelle. Il examine également les problèmes liés à l'opposition verbo-nominale et à l'identification d'une classe verbale.

Dans le chapitre "Au cœur de la syntaxe: fonctions et noyau central", on précise la définition et les contours d'une syntaxe fonctionnelle qui se veut essentiellement relationnelle. L'accent est mis sur la *détermination*, en tant qu'opération fondamentale de la syntaxe, d'où découle une *hiérarchie* entre les unités significatives organisées autour d'un noyau central, prédicat. Dans ce cadre, la *fonction* est définie comme une unité linguistique à part entière, ayant un signifié et un signifiant et destinée à indiquer la relation particulière que peuvent entretenir deux unités significatives. On établit toutefois une distinction entre la nature du signifié des fonctions et la nature du signifié des unités significatives. Les fonctions sont étudiées dans leur rapport au noyau central, selon leur appartenance à la *zone centrale* ou à la *zone périphérique* autour de ce noyau. On établit également, dans ce chapitre, une fine et originale distinction entre une *syntaxe nucléaire* et une *syntaxe connective*.

Le dernier chapitre est consacré au phénomène de la disparition des langues. On y prête une attention particulière à l'articulation des facteurs externes et internes engagés dans ce processus, et l'on propose une typologie des différents cas de figure.

Christos CLAIRIS – *Towards open-ended linguistics*.
2005, Paris, Peeters – SELAF (NS 31)

After postulating in his "Introduction" the principles of a deliberately modern linguistic science, the author states that incompleteness is the symbolic horizon of a field which regards language events – the *faits de langues* – as inexorably linked to the doings of human societies, and which knows its own limitations.

The mechanisms of linguistic change are studied in the chapter "Structures and Linguistic Liberties". A distinction is made between several types of variation. A number of theoretical propositions are made, that contribute to the taking into account of linguistic dynamism, and the predictive power of that type of research is highlighted. In particular, there is a presentation of the *Phoneme Fluctuation theory* and the ensuing *tropology*.

In chapter "Classes: on the Threshold of Syntax", the problem of the identification of the "parts of speech", i.e. the syntactic classes of a given language, is dealt with and put into a historical perspective that brings us back to Plato and Aristotle. In the light of his thirty-year experience in the description of various languages, the author presents his theoretical position as well as some methodological tools developed in the framework of functional linguistics. He also examines the problems linked to verb-noun opposition and the identification of a verbal class.

The definition and the outline of a functional syntax that presents itself as essentially relational are given in chapter "In the Heart of Syntax: Functions and Central Nucleus". The focus is on *determination*, as a fundamental syntactic operation, from which stems a *hierarchy* between significant units organized around a central nucleus, the predicate. In this framework, *function* is defined as a full-fledged linguistic unit with a signified (*signifié*) and a signifier (*signifiant*), destined to indicate the particular relationship that two significant units may have. A distinction is nevertheless established between the nature of the signified of the functions and the nature of the signified of significant units.

The functions are studied in their relation to the central nucleus, according to their belonging to the central zone or the peripheral zone of this nucleus. A subtle and original distinction is also established in this chapter between *nuclear syntax* and *connective syntax*.

The last chapter is dedicated to the phenomenon of language disappearance. A particular attention is paid to the articulation of the external and internal factors engaged in this process, and a typology of thedifferent cases is proposed.

Christos CLAIRIS – *Unterwegs zu einer unvollendeten Sprachwissenchaft.*
2005, Paris, Peeters – SELAF (NS 31)

In der "Einleitung", werden die Grundsätze einer entsclossenen Modernen Sprachwissenschaft festgelegt. Betont wird die Unabschliessbarkeit eines Fachgebiets, das immer auf Sprachtatsachen verwiesen bleibt, die ihrerseits eng mit menschlich-gesellschaftlichen Umständen zusammenhängen. Darum darf diese Wissenschaft ihre Grundbegrenztheit nie aus den Augen verlieren.

Im Kapitel "Struktur und Freiheit innerhalb der Sprachen" werden die verschiedenen Weisen des Sprachwandels erforscht, um unterschiedliche Typen von Veränderungen and den Tag zu bringen. Zahlreiche theoretische Festellungen werden gewonnen, die zur positiven Berücksichtigung einer sprachlichen Dynamik Beitragen: die Fruchtbarkeit dieser Forschungsrichtung wird durch seine besondere prediktive Tauglichkeit aufgezeigt. Vor allem zu erwähnen ist hier die Theorie der *Phonemenschwankung*, und die sich daraus ergebende *Tropologie*.

Im Kapitel "An der Schwelle der Syntax: die Klassen", wird die Problematik der wissenschaftlichen Identifizierung der "Teilen der Rede" aufgenommen. Teile der Rede soll man hier als syntaxische Klassen einer bestimmten Sprache verstehen. Das führt zu einem historischen Rückblick bis zu Plato und Aristoteles zurück. Gestützt auf eine langjährige Erfahrung mit der wissenschaftlichen Beschreibung der verschiedensten Sprachen der Welt, legt der Autor seine theoretischen Stellungnahmen und sein im Rahmen der funktionnellen Linguistik entwickeltes Werkzeug vor. Er untersucht daher auch die Problematik des Gegensatzes zwischen Verba und Nomina, und diejenige der Identifizierung einer verbalen Klasse.

Im Kapitel "Mitten in der Syntax: Funktion und Stammkern", wird eine Funktionnelle Syntax definiert, und wesentlich als Beziehungsfunktional bestimmt. Betont wird die *Determinierung*, als grundsätzliches Verfahren einer Syntax. Daraus ergibt sich die *Rangordnung* der Bedeutungseinheiten, die sich um einen Stammkern, der Prädikat, herum organisieren. In diesem Rahmen kann sich die *Funktion* als linguistische Einheit im vollen Sinne des Wortes abgrenzen lassen: sie besteht aus Signifikant und Signifikat, und dient zur Anzeigung der besonderen Beziehung, welche zwischen zwei Bedeutungseinheiten stattfindet. Dennoch wird ein Unterschied festgelegt: die Eigenart des Signifikats der Funktionen darf nicht mit der Eigenart des Signifikats der Bedeutungseiheiten verwechselt werden. Die Funktionen werden in ihrem Verhältnis zum Stammkern erforscht, je nachdem sie mehr oder weniger nahe dem Stammkern stehen, d.h. nach ihrer Zugehörigkeit zu einem zentralen oder zu einem peripheren Unterscheidung vorgenommen zwischen einer *nuklearen* und einer *konnektiven Syntax*.

Letztes Kapitel wird dem Vorgang des Schwindens der Sprachen gewidmet. Darin wird besondere Aufmerksamkeit der Zusammenarbeit von inneren und äusseren Momenten geschenkt. Daraus ergibt sich eine Typologie der verschiedenen Arten des Vergehens.

Christos CLAIRIS – *Hacia una lingüística inacabada*.
2005, Paris, Peeters – SELAF (NS 31)

Después de postular en la "Introducción" los principios de une lingüística deliberadamente moderna, el autor plantea lo inacabable como horizonte simbólico de una ciencia que, por ser respetuosa con los hechos lingüísticos ligados inexorablemente a las sociedades humanas, tiene conciencia de sus límites.

En el capítulo "Estructura y libertad lingüística" se estudian los mecanismos de cambio lingüístico distinguiendo diferentes tipos de variaciones. Se hacen algunas propuestas teóricas que contribuyen a tomar en cuenta la dinámica lingüística y se muestra la fuerza predictiva de las investigaciones que se realizan siguiendo este camino. Se presenta especialmente la teoría de la *fluctuación de fonemas* y la *tropología* que de ella se deriva.

En el capítulo "En el umbral de la sintaxis: las clases" se aborda la problemática de la identificación de las "partes del discurso" o clases sintácticas de una lengua dada, situándola en una perspectiva histórica que remonta a Platón y Aristóteles. A la luz de la experiencia de más de treinta años consagrados a la descripción de lenguas muy diversas, el autor presenta su posicionamiento teórico y sus herramientas metodológicas desarrolladas en el marco de la lingüística funcional. Igualmente se estudian los problemas ligados a la oposición verbo-nominal y la identificación de una clase verbal.

En el capítulo "En el corazón de la sintaxis: función y núcleo central" se precisa la definición y el contorno de una sintaxis funcional que se plantea sustancialmente como relacional. Se destaca la *determinación* como la operación fundamental de la sintaxis, de la cual se desprende una *jerarquía* entre las unidades significativas organizadas en torno a un núcleo central, el predicado. Dentro de ese marco teórico, la *función* se define como una unidad verdadera lingüística, que dispone de un significado y de un significante y es la encargada de indicar la relación particular que pueden mantener entre sí dos unidades significativas. Sin embargo, se establece una distinción importante entre la naturaleza del significado de las funciones y la naturaleza del significado de las unidades significativas.

Las funciones se estudian en la relación que mantienen con el núcleo central y según su pertenencia a la *zona central* o a la *zona periférica* con referencia a dicho núcleo. En este capítulo se pone de relieve, además, una fina y original distinción entre una *sintaxis nuclear* y una *sintaxis conectiva*.

El último capitulo se dedica al fenómeno de la desaparición de las lenguas. En él se presta una atención particular a la articulación de los factores externos y internos que participan en este proceso y se propone una tipología relativa a los diversos casos.

PALAVRAS-CHAVE

mudança linguística – conectores –
dinâmica linguística –
flutuação dos fonemas – função – funcionalismo –
morfologia – morte das línguas
fonologia – predicação
sentido – sujeito – sintaxe – sintaxe conectiva – sintaxe nuclear –
tropologia – tipologia –
variações

LÍNGUAS CITADAS

alemão (Volga)	francês (Canadá)	livoniano
inglês	gaélico	mapuche ou araucano
arabela	gascão	norueguês
arménio	grego	pilagá
arvanitika (albanês)	haush ou ma-	qawasqar
basco	nekenk	quechua
bretão	hitita	romeno
cacaopera	húngaro	romi
catalão	indo–europeu	tehuelche
chama	italiano	turco
crioulos	judeu–espanhol	yaghan
franco–provençal	latim	
fiji	lenca	
francês	letão	

SUMÁRIO

1. **INTRODUÇÃO**
   No rumo de uma linguística inacabada
   No rumo de uma linguística científica
   No rumo de uma linguística dinâmica

2. **ESTRUTURA E LIBERDADE LINGUÍSTICAS**
   Variação e flutuação de fonemas
   A tropologia
   Da previsibilidade

3. **NO LIMIAR DA SINTAXE: AS CLASSES**
   As origens
   O que classificamos?
   Partindo da dupla articulação
   Os critérios para a descoberta das classes
   Do método
   Léxico e sintaxe
   Em busca de uma oposição verbo–nominal
   A coexistência: restrição e imposição de coexistência
   Classes, conjuntos, grupos

4. **NO CORAÇÃO DA SINTAXE: FUNÇÕES E NÚCLEO CENTRAL**
   Definição da sintaxe
   Determinação simples
   Actualização
   Funções
   Zona central – Zona periférica
   Núcleo central
   Sintaxe nuclear – Sintaxe conectiva
   Uma hipótese de glossogénese

5. O PROCESSO DE DESAPARECIMENTO DAS LÍNGUAS
   Como desaparecem as línguas? Tipologia
   Os factores externos
   Os factores internos

INDICAÇÕES BIBLIOGRÁFICAS

GLOSSÁRIO DE ALGUNS DOS TERMOS UTILIZADOS

1.
INTRODUÇÃO

No rumo de uma linguística inacabada

Se a linguística pretende ser um estudo científico da linguagem humana, não poderá estabelecer como objectivo último um qualquer produto final que seja. Isto significa que a linguística não só permanece inacabada, como também que deve conceber-se à partida como inacabada. A nosso ver, essa é a condição de uma abertura permanente da linguística ao seu objecto, que é a expressão mais radical da liberdade dos seres humanos em sociedade.

Se nos propomos como tarefa o estudo científico de uma língua, com tudo o que a palavra ciência implica, a nossa actividade de conhecimento apenas pode apresentar-se como necessariamente incompleta, dado que qualquer língua é inesgotável, ainda que alguns dos seus aspectos sejam perfeitamente acessíveis à nossa compreensão. Não há aqui maldição, nem fatalidade, mas apenas o reconhecimento de que estamos perante uma livre actividade dos homens (perante um processo criador, em perpétuo movimento), que não poderá nunca ver-se reduzida a um qualquer tipo de formulação fixa, seja ela qual for, ainda que de carácter científico.

Esta dimensão inacabada da linguística manifesta-se também no facto de as "palavras" de uma língua serem monumentos históricos nos quais se encontram acumulados o saber e a experiência milenares dos povos que falam e falaram essas línguas. A potencialidade do sentido que as "palavras" podem fazer brotar, em contextos e situações variáveis, é totalmente incomensurável e cientificamente irredutível, dependendo, entre outras coisas, do aprofundar do conhecimento e da sensibilidade criativa dos interlocutores, amplamente valorizada pela poesia e pela filosofia em todas as suas formas de expressão.

Imaginar que possa existir uma linguística acabada, perfeita, que não deixe de fora nenhum aspecto de uma língua é não apenas uma utopia, como também uma utopia que pode originar perigosas derivações.

Sejamos mais explícitos. Por que razão postulamos hoje a dimensão inacabada como condição fundamental, até mesmo fundadora, em particular da linguística? Isto porque, como é óbvio, a mesma dimensão pode ser postulada para qualquer outra actividade que se pretenda ou que seja científica, na medida em que o conhecimento não tem limites.

Uma das características, geralmente admitida, do conhecimento científico, é a *objectividade*. A partir do momento em que se pôde perceber que a terra girava à volta do sol, esse conhecimento tornou-se uma aquisição objectiva que se impôs em todo o mundo, independentemente dos pontos de vista que cada um pudesse ter sobre a questão. A qualidade da objectividade confere um prestígio incontestável ao conhecimento científico, que, por sua vez, se transforma em poder social.

A reflexão sobre a linguagem remonta a um período muito antigo. No que diz respeito à tradição ocidental, sabemos que Platão já distinguia n'*O Sofista*, pela primeira vez, *nomes* e *verbos* e que, no *Crátilo*, abria o debate sobre o carácter arbitrário do signo. Esta reflexão sobre a linguagem originou ao longo dos séculos disciplinas como a Retórica (Antiguidade), a Gramática (século II a.C.), a Filologia (séc. XV), a Linguística. O próprio termo de Linguística como designação de uma disciplina aparece no início do século XIX. Contudo, a linha de demarcação da **linguística moderna** passa por um acontecimento determinante: a leitura do "manifesto fonológico" pelo príncipe Nicolas Troubetzkoy, no primeiro Congresso Internacional de Linguística, que teve lugar em 1928 na Haia. O que defendia o "manifesto" era **a integração dos sons na língua**. Com efeito, desde que, em Alexandria, no século II a.C., tinha sido concebida a primeira *GRAMMA-tika* e não a primeira *PHONE-tika* da tradição ocidental, a Τέχνη Γραμματική (*Ars Grammatica*) de Dionísio de Trácia, que a reflexão sobre a linguagem esteve orientada para as formas escritas. Durante mais de vinte séculos, os estudos linguísticos, de uma maneira geral, marginalizaram a dimensão vocal da linguagem e puseram a tónica na análise dos textos escritos. Tendo em conta que o **som e o sentido**, unidos no signo linguístico, constituem a matéria-prima de qualquer língua, o reconhecimento, ao nível da forma (significante), da primazia do som em relação à grafia assinala a viragem de uma verdadeira revolução científica no domínio linguístico.

A origem desta revolução remonta a Ferdinand de Saussure, ao linguista polaco Baudouin de Courtenay, que fazia parte das fontes de inspiração de Saussure, e a outros linguistas russos, que, fugindo à Revolução de Outubro de 1917, fundaram a "Escola Linguística de Praga", escola a que devemos precisamente a atenção prestada aos sons no estudo de uma língua. A linguística da escola de Praga, que se identifica como uma linguística estrutural e funcional, teve um impacto decisivo na Europa, e a sua influência fez-se sentir para além do Atlântico. Em paralelo, outras tendências teóricas vieram a nascer, nomeadamente o estruturalismo americano, a linguística generativa e transformacional, que desempenharam papel de relevo, e não apenas nos Estados Unidos.

O grande sucesso social da linguística nos anos sessenta suscitou uma forte atracção por esta disciplina. As salas de aula encheram-se de pessoas que nem sempre tinham vocação para se consagrarem ao estudo científico das línguas. Diferentes especialistas de outras disciplinas sentiram-se qualificados para serem "linguistas" sem terem necessariamente recebido uma formação específica. Os nomes dos diferentes cursos e programas de estudos adaptaram-se para se parecerem com os da linguística. Esta moda da linguística, ligada ao aumento importante dos que, *qui stricto et lato sensu*, por ela se interessavam, teve como consequência a consolidação da linguística nas universidades e centros de investigação. Actualmente, em alguns países, a linguística está a pontos de obter um certo reconhecimento até ao nível do ensino secundário. Concomitantemente, proliferaram ramificações da linguística, fossem elas as "o-linguísticas"[1] (psico-, sócio-, etno-, etc.), fossem elas a pragmática, a análise do discurso, a linguística textual e outras mais recentes, como as abordagens cognitivistas, actualmente em voga. Para lá do efeito causado pela moda, estas tendências trouxeram, muito naturalmente, um enriquecimento indubitável aos estudos linguísticos.

Na presente obra, tentaremos, na medida das nossas possibilidades, assumir uma herança: a da linguística estrutural e funcional europeia, inscrita na tradição saussuriana e da escola de Praga, tal como foi desenvolvida, transmitida e ensinada na Sorbonne por André MARTINET. Fazemo-lo pela nossa convicção de que essa linguística representa um

---

[1] Expressão de Denise FRANÇOIS-GEIGER, 1990, *À la recherche du sens. Des ressources linguistiques aux fonctionnements langagiers*, p. 19-23.

progresso real, uma verdadeira passagem para uma visão moderna dos factos. Perante certos discursos dominantes nos nossos meios e que, seja por um excesso de formalismo, seja por meio do recurso a pretensas profundidades insondáveis do espírito humano, reivindicam uma objectividade científica e pretendem por isso ser os detentores da verdade neste domínio, quisemos sublinhar a característica quanto a nós definitiva da linguística, a saber: que jamais poderia considerar-se completa. Na verdade, esta dimensão incompleta não é senão o próprio culminar da nossa disciplina. De uma linguística que, respeitando a realidade dos factos de língua ligados inexoravelmente aos factos das sociedades humanas, tem consciência dos seus limites. Na medida em que tudo quanto é dito ou escrito – por outras palavras, todas as construções linguísticas, quer se trate das realizações da vida quotidiana, quer se trate de realizações mais elaboradas, literárias ou outras – têm a ver com uma produção do **sentido**, haverá sempre e necessariamente uma parte, por ínfima que seja, que não se deixará dominar por uma análise científica e formal. Aí se encontra a raiz do que consideramos a dimensão incompleta da linguística e, no mesmo pé, a liberdade do ser humano enquanto produtor de sentido. Razões de sobejo para que uma língua não seja e nunca possa ser, felizmente, um código.

No rumo de uma linguística científica

Estabelecer limites permite precisamente definir o terreno onde uma actividade científica poderá desenvolver-se com todo o seu rigor. Para tanto, serão necessárias uma teoria e uma metodologia, que o funcionalismo soube construir. O terreno em questão encontra-se aberto à linguística por via da possibilidade, inscrita no quadro da teoria funcionalista – nomeadamente a da *dupla articulação* –, de **definir e identificar as suas próprias unidades**, isto é, as unidades distintivas, os fonemas, e as unidades significativas mínimas, os monemas. Trata-se da condição *sine qua non* de qualquer tentativa que se queira científica no que toca aos estudos linguísticos, desde que, por outro lado, sejam identificados os dados a investigar, isto é, seja identificado o *corpus* em sentido lato. A partir do momento em que trabalhamos com unidades bem definidas e no quadro de dados determinados pela observação, podemos efectivamente aspirar a um trabalho científico liberto, na medida do possível, de considerações subjectivas.

A pedra angular de todo e qualquer edifício funcionalista é o princípio da **pertinência**[2]. O princípio impõe, para além da determinação do objecto de estudo, a adopção de um *ponto de vista* para esse estudo. A linguagem humana pode ser objecto de diferentes disciplinas, uma das quais será a linguística. O que caracteriza a linguística, nomeadamente a linguística funcional, é o facto de os fenómenos estudados serem avaliados e classificados de acordo com o seu contributo para a **comunicação** entre os homens, dado que é a pertinência comunicativa que, por definição, melhor explica a organização das línguas naturais. Tal não significa que a comunicação seja a única função das línguas e muito menos que as línguas sejam o único meio de comunicar. Significa sim que, para determinar o que é propriamente linguístico entre todos os aspectos da realidade física da linguagem, deverá ser tido em conta o que contribuir de algum modo para a comunicação, isto é, o que for pertinente de acordo com o ponto de vista escolhido, deixando para as outras disciplinas o cuidado de estudar outros aspectos.

Esta escolha não implica uma restrição do objecto de estudo (por exemplo, a ideia segundo a qual a fonologia ignoraria a realidade física, a grande diversidade de sons de uma língua estudada), trata-se antes de uma escolha da **hierarquia dos fenómenos**. Ainda que nenhum pormenor da língua em estudo deva escapar à atenção do linguista, é sua obrigação preocupar-se em assinalar, para cada língua, o valor de cada fenómeno observado em função do seu contributo para a comunicação. Em boa verdade, trata-se de abordar toda a língua, na sua complexidade, de acordo com o ponto de vista que melhor permite mostrar o seu funcionamento.

A observação e o respeito pelos dados observados constituem um princípio fundamental da atitude funcionalista. Uma tal atitude leva à rejeição de todo e qualquer apriorismo e ao reconhecimento da importância de uma base empírica da investigação. É cultivada em permanência uma relação dialéctica entre os dados observados e a teoria linguística. Nesta linha de conduta, em caso de divergência entre os dados observa-

---

[2] O conceito de "pertinência" proposto por André Martinet é a tradução do termo "relevanz", que devemos ao austríaco Karl Bühler.

dos e a teoria, será, evidentemente, esta última que terá de mudar e não o inverso. Assim se pratica uma linguística constantemente aberta à realidade e pronta a qualquer momento a reconsiderar as suas posições teóricas se novos dados o exigirem. Assumir este tipo de abertura exige uma grande prudência no que toca às posições universalistas. Com efeito, à excepção da definição de uma língua, postulada como o único axioma da teoria, não se postulará qualquer outra proposição teórica como exigência de universal absoluto. Uma língua é definida por Martinet como um instrumento de comunicação duplamente articulado e de carácter vocal. São várias as consequências importantes que podem ser tiradas desta definição. Mencionámos já a exigência de rigor para o linguista que aceita trabalhar com os dois tipos de unidades mínimas – fonemas e monemas – que lhe são impostos pela dupla articulação da linguagem humana. Estas unidades assumem os seus valores por *oposição*, isto é, não como simples realidades físicas, mas como unidades funcionais no interior de um sistema.

O carácter vocal da língua impõe a linearidade cujo resultado é o desenvolvimento de uma **sintaxe**. A sintaxe não é concebida como uma combinatória, mas como um programa que permite estabelecer as relações entre as unidades significativas de tal forma que a mensagem corresponda à experiência que se pretende comunicar. A sintaxe tem como objectivo o estudo das relações que as unidades significativas sustentam entre si no discurso, mas não é a única que pode indicar tais relações. O significado das unidades significativas, o contexto linguístico e a situação extralinguística desempenham um papel importante. A especificidade da sintaxe, por comparação, por um lado com a semântica e a pragmática, por outro com a morfologia, manifesta-se por meio de marcas linguísticas formais que servem para indicar as relações das unidades entre si. A posição das unidades – quando for pertinente –, tal como a diferença entre classes sintácticas, pertence à forma, tendo o mesmo estatuto que o emprego de monemas especializados para indicar o tipo de relação entre outros dois monemas. Por outras palavras, a sintaxe funcional, que se pretende autónoma, tem por objectivo a identificação das formas linguísticas que indicam as relações das unidades significativas mínimas entre si. Para que haja sintaxe, é necessário que haja marca de **cristalização sintáctica**.

A concepção funcionalista da morfologia é particularmente original. A morfologia encarrega-se de todas as limitações formais. É concebida como o estudo do que há de contingente nas línguas e nomeadamente das variações dos significantes dos monemas. O seu contributo essencial é o de nos proporcionar a possibilidade de distinguir a existência das unidades significativas mínimas das suas manifestações formais na língua estudada. Compreende-se assim a ligação necessária entre monema e definição funcional da morfologia: basear a análise nas unidades significativas mínimas impõe que se conceba de maneira extensiva o estudo da variação das suas manifestações formais. Se, por um lado, só pode haver comunicação mediante o emprego das combinações das unidades significativas mínimas, não existe obrigatoriamente, por outro, correspondência unívoca entre significante e significado para os monemas (amálgamas, significantes descontínuos), nem obrigatoriedade de presença isolada dos monemas. Toda a dificuldade e o interesse desta tentativa de análise linguística residem precisamente em mostrar que esta condição geral de funcionamento das línguas só existe sob formas variáveis. A delimitação da morfologia reflecte desta forma a convicção segundo a qual, no quadro do signo linguístico, o significante e o significado, embora estreitamente ligados, não ocupam o mesmo plano. **O significante existe para manifestar o significado.** Depois de um signo linguístico estar identificado por meio do seu significante, apenas conta o significado.

No rumo de uma linguística dinâmica

A linguística assume o **carácter social da linguagem** com todas as suas implicações. As línguas são concebidas como entidades que transportam consigo a **heterogeneidade** – entenda-se variação –, ou, por outras palavras, que a heterogeneidade é qualquer coisa de inerente às línguas. "As línguas mudam porque funcionam", gostava de repetir Martinet. Cada língua em plena sincronia apresenta zonas de maior ou menor estabilidade e a todos os níveis. A dialéctica permanente entre as variações sempre presentes é o mecanismo fundamental que garante a mudança, isto é, a evolução das línguas e, por vezes, o seu nascimento ou o seu desaparecimento. Por conseguinte, é necessário prever os meios teóricos e metodológicos para descobrir e pôr em relevo a **dinâmica** própria para cada língua estudada, a dinâmica que existe na pura sincronia. Como é natural, os factores externos pertencem de pleno direito a essa dinâmica.

Todos os fundadores do funcionalismo sublinharam o carácter social da linguagem e conceberam-no como uma instituição social. Para o funcionalismo contemporâneo, a variação é inerente a todas as línguas e em todos os momentos da sua evolução. Por este mesmo motivo, indo além de Saussure, que apresenta a sincronia como sendo estática, Martinet postula a **sincronia dinâmica**[3]. A dinâmica das línguas pode precisamente ser observada através da presença simultânea de formas diversas, o que indica que não existe apenas **uma** estrutura e **um** sistema, mas que, em pura sincronia, a língua funciona como **uma estrutura múltipla**[4], isto é, como uma coexistência simultânea de vários sistemas. Estudando essa dinâmica, o linguista tentará identificar os factores aos quais estão ligadas essas variações. Note-se que algumas variações estarão ligadas aos factores sociais, outras aos factores geográficos, de idade, de sexo, de nível de educação, de situação de comunicação e outros ainda, conforme os casos.

A sincronia dinâmica leva o linguista a entrar em contacto com outras ciências humanas – como a sociologia, a psicologia, a etnologia, a economia, a história – para aproveitar os seus ensinamentos a fim de determinar o papel dos factores externos que intervêm no movimento linguístico e mostrar o jogo subtil que resulta da sua articulação com os factores internos. "Este recurso motivado às disciplinas vizinhas visa um trabalho de linguista, um trabalho de observação aprofundada, que se apoia em conceitos e métodos próprios da linguística e nos contributos das outras disciplinas, que têm os seus próprios procedimentos, sem subordinar esse trabalho de campo à reavaliação permanente dos seus pressupostos epistemológicos e sem procurar modelos noutras disciplinas, quer se trate de filosofia, de lógica ou de especialidades mais recentes"[5].

É certo que, na história da humanidade, os gramáticos tiveram o mesmo impacto social que as grandes invenções tecnológicas. Basta

---

[3] André MARTINET, 1975, *Evolution des langues et reconstruction*, pp. 5-10; André MARTINET, 1989, *Fonction et dynamique des langues* (trad. portuguesa 1995, *Função e Dinâmica das Línguas*); cf. também André MARTINET, 1955, *Économie des changements phonétiques*. (nova ed. rev. e corrigida, 2005, Maisonneuve & Larose).

[4] Cf. Anne–Marie HOUDEBINE, 1985, Pour une linguistique synchronique dynamique.

[5] Denis COSTAOUEC, 1998, Sociolinguistique et étude des changements linguistiques en synchronie.

pensar no papel que desempenharam as gramáticas, a partir de 1492[6], na constituição dos Estados nacionais. Uma das tarefas principais, um desafio para toda e qualquer teoria linguística, é a elaboração das **gramáticas**, na medida em que estas representam a síntese entre o conhecimento científico e as necessidades sociais, especialmente nas tarefas educativas, quer se trate da língua materna, quer se trate das línguas estrangeiras. Mesmo se for consensualmente aceite que a gramática é um produto intelectual que corresponde a uma necessidade social, a finalidade que lhe foi sendo atribuída pelos seus autores nem sempre foi a mesma. Isto é perfeitamente compreensível e traduz bem a dialéctica que existe entre a evolução social e a da gramática. Poderíamos mesmo pensar que a gramática se faz à imagem e à semelhança da sociedade, ao mesmo tempo que exerce uma influência sobre a evolução dessa mesma sociedade, à qual permanece ligada.

Do ponto de vista que aqui nos interessa, isto é, do ponto de vista da dinâmica, as gramáticas têm sido concebidas até aos nossos dias como obras representativas d'**A** norma – com um "a" maiúsculo – da língua. A norma do que era correctamente dito e correctamente escrito, a língua de prestígio à qual todas as pessoas bem-educadas deviam adaptar-se, em função da qual se devia fazer a selecção. Neste tipo de gramática, a língua é concebida como estática, uniforme e homogénea. Os usos que não estejam em conformidade com a gramática são, em princípio, estigmatizados e marginalizados. Ora, a observação das variações da mais diversa natureza, presentes a qualquer momento em todas as línguas, deve levar-nos hoje a pôr em evidência a **dinâmica da língua em plena sincronia**. É importante, por isso, mostrar não apenas uma norma, mas a multiplicidade das normas praticadas pelos utentes, tal como estas se manifestam através das variações das formas. Tarefa difícil, de que a linguística funcional se deverá encarregar[7], já que deverá ser possível pôr

---

[6] Neste que foi o ano da descoberta da América, Elio Antonio Nebrija publica a gramática do castelhano, primeira gramática importante sobre uma língua vernácula. De 1492 a 1586, onze línguas europeias obtiveram a sua primeira descrição gramatical.

[7] Ver, por exemplo, André MARTINET (dir.), *Grammaire fonctionnelle du français*; Fernand BENTOLILA, 1981, *Grammaire fonctionnelle du parler berbère*; Christos CLAIRIS e Georges BABINIOTIS, 1996 e seguinte, Γραμματική τής Νέας Ελληνικής. Δομολειτουργική-Επικοινωνιακή (*Gramática do Grego Moderno. Estrutural, funcional e comunicacional*).

à disposição do grande público o resultado dos avanços teóricos, encontrando não apenas uma linguagem adequada para uma compreensão sem dificuldades, mas também para suplantar as ideias pré-concebidas e os maus hábitos.

Perante uma tal necessidade, o que importa sublinhar é que, na maior parte dos casos, as soluções são múltiplas, que há **mais do que uma maneira** para nos exprimirmos e que o critério essencial para nos pronunciarmos sobre o facto de uma expressão ser aceitável ou não é o sucesso da comunicação. Adoptar uma tal atitude equivale a uma revolução pedagógica a que nos convida a linguística moderna.

2.
ESTRUTURA E LIBERDADE LINGUÍSTICAS

Variação e flutuação de fonemas

O motor principal da mudança linguística é a variação. É bem sabido que todas as línguas mudam constantemente e que a sincronia é dinâmica[1]. O meu objectivo aqui é o de sublinhar que, a par das **variações condicionadas**, pode haver **variações livres**, e que ambas fazem parte da dinâmica linguística. Como é óbvio, a variação pode manifestar-se a todo e qualquer nível de uma língua: fonético, fonológico[2], morfológico, lexical, discursivo. O facto de a heterogeneidade ser inerente a todas as línguas e a todos os momentos das suas respectivas histórias não impede que haja estruturas e normas, que devem ser concebidas como sendo plurais. Da mesma forma, a estabilidade e o movimento são características que coexistem em qualquer língua, não excluindo a estabilidade o movimento e vice-versa.

Se é evidente que as línguas mudam, podemos perguntar-nos se a mudança se efectua sempre ao mesmo ritmo. Por outras palavras, a velocidade da mudança é constante ou há momentos de aceleração e outros de abrandamento? Parece-me que, sem que seja necessário

---

[1] Para além de André MARTINET, citado na Introdução (nota 3), cf. também Roman Jakobson, 1963, *Essais de Linguistique Générale*, p. 92: "Uma visão abrangente da sincronia dinâmica da linguagem, que englobe as coordenadas espácio-temporais, deve substituir o modelo tradicional das descrições arbitrariamente limitadas ao aspecto estático". [trad. da T.]

[2] A título de exemplo, ver Henriette WALTER, 1982, *Enquête phonologique et variétés régionales du français*.

desenvolver uma grande demonstração, podemos aceitar que elementos externos à língua, tais como factos históricos, políticos e sociais, podem influenciar a mudança num ou noutro sentido. Sem sombra de dúvida, uma reforma linguística decidida por um poder central – pode citar-se como exemplo a reforma linguística na Turquia[3], sob o impulso de Kémal Atatürk – acelerará a mudança. Como mencionado na *Introdução*, nos séculos XV e XVI, na Europa, nascem as primeiras gramáticas das línguas vernáculas, que acompanham um movimento de defesa dessas mesmas línguas. Trata-se de um período bastante interessante para a observação da dinâmica linguística. Numa perspectiva de glossogénese, a formação das línguas crioulas assinala, de uma maneira geral, um ritmo acelerado de mudança. O processo de desaparecimento das línguas[4] constitui igualmente um bom ponto de observação para a dinâmica linguística.

A variação, antes de mais, diz respeito à relação entre a **forma** e o **sentido**. A regra de ouro da investigação linguística é a união do som (forma) e do sentido. Som e sentido constituem em conjunto a matéria-prima da linguagem. Nada pode ser mais contrário à abordagem linguística do que querer tratar o sentido sem que este esteja ancorado em formas concretas e vice-versa. Como é óbvio, fazem parte da forma não apenas os significantes das unidades lexicais e gramaticais, mas também toda e qualquer indicação material que assinale uma manifestação de estruturas fonológicas, morfológicas, sintácticas, lexicais e enunciativas da língua.

O locutor de uma língua, para construir uma mensagem, dispõe de uma grande variedade de formas ligadas a efeitos de sentido, que são susceptíveis de satisfazer as suas necessidades de comunicação. O próprio facto de a comunicação ocorrer comprova que, por convenção social, as mesmas formas permanecem ligadas aos mesmos efeitos de sentido. Por outras palavras, em função do sentido que quer transmitir, o locutor é obrigado a escolher as formas destinadas a manifestar esse mesmo sentido. Se é verdade que constitui livremente a sua mensagem,

---

[3] Christos CLAIRIS, 1995, La réforme linguistique en Turquie.
[4] Ver na presente obra o capítulo "O processo de desaparecimento das línguas".

não deixa por isso de o fazer a partir de formas pré-estabelecidas pela língua[5].

Não obstante... existem em plena sincronia três tipos de variações de formas que correspondem – ou quase – ao mesmo sentido.

Em primeiro lugar, é necessário considerar as variantes do significante de um mesmo significado em função dos contextos. Neste caso, serão reconhecidas como correspondendo ao significado do mesmo monema de "ir" as formas que estiverem em distribuição complementar como, em francês, o *i-* em *ira, va* em *(il) va, all-* em *all-ons*, ou, em português, *i-* em *irei* e *va-* em *(nós) vamos*, etc.[6]. Trata-se de **variações obrigatórias e contextuais**. Estas variações de forma de um mesmo signo impõem-se a todo e qualquer utente da língua e são condicionadas pelo contexto. Para a linguística funcional, trata-se do domínio da **morfologia**. Devem assumir-se em sincronia certas consequências decorrentes do facto de as línguas serem os produtos de uma evolução através dos tempos. Como resultado, cada signo de uma língua nem sempre se manifesta, necessariamente e em todos os casos, sob uma só forma. A morfologia tem como tarefa estudar as variações formais e não pertinentes de cada signo linguístico. A razão de ser dessas variações, em sincronia, não pode ser atribuída a uma obrigatoriedade fónica – se fosse esse o caso, deveriam ser estudadas na fonologia.

Toda e qualquer obrigatoriedade (ou ausência de escolha) pertence igualmente à morfologia. Pode pois afirmar-se que a morfologia é o capítulo onde se trata de obrigatoriedades formais, ou, por outras palavras, estuda-se em morfologia tudo o que não intervém no sentido da mensagem.

Delimitar o domínio da morfologia pressupõe que se delimitou já integralmente o domínio da fonologia, sem esquecer que esta, como toda e qualquer abordagem de uma análise linguística, estuda a língua em estado de funcionamento e não se limita a considerar termos isolados.

---

[5] Cf. SAUSSURE, *Cours...*, p. 104: "Se, em relação à ideia que representa, o significante surge como tendo sido livremente escolhido [arbitrário do signo], em compensação, em relação à comunidade linguística que o emprega, esse significante não é livre, mas imposto". [trad. da T.]

[6] Todos os exemplos franceses originais foram incluídos, apresentando-se de seguida uma tradução portuguesa, quando forem válidos para ambas as línguas, ou uma adaptação com ilustrações equivalentes em português [N. da T.].

A identificação de unidades distintivas discretas, das suas realizações, das suas possibilidades de combinação, das condicionantes puramente fónicas do seu comportamento, constitui a matéria da fonologia. "Estabelecer o sistema fonológico de uma língua é verdadeiramente estabelecer os traços fónicos que os falantes são capazes de produzir, de distinguir e de combinar para compor os significantes dessa língua"[7].

As latitudes e as limitações articulatórias, sustentadas pela tensão diferencial do signo, após terem sido estabelecidas pela análise fonológica, impõem-se ao conjunto da língua.

Para além das variações formais do mesmo signo – campo em que a sintemática[8] terá naturalmente uma palavra a dizer –, a morfologia é o capítulo em que devem ser tratadas todas as obrigatoriedades formais que a língua foi adquirindo ao longo da sua história, exceptuando-se as que resultam de incapacidades dos falantes em reproduzir certas articulações, seja em geral, seja num contexto particular.

Deve ficar bem claro que a posição respectiva das unidades significantes na cadeia pode assumir uma função significativa, no sentido em que, por exemplo, *le chat mange le rat*, ou, em português, *o gato come o rato* é uma mensagem diferente de *le rat mange le chat, o rato come o gato* – isto não tem nada a ver com a morfologia. Contudo, onde a tradição impuser uma **posição**, onde houver uma simples obrigatoriedade formal sem implicação significativa, tratar-se-á um traço que terá de figurar na apresentação da morfologia da língua.

Assim, fará parte da morfologia da classe das marcas de pessoa em espanhol o facto de terem de ocupar a última posição no sintagma verbal (*encuentr-O encuentrara-N*). Na apresentação da morfologia do francês deverão figurar indicações relativas às condições de alternância de posição das marcas de pessoa que não sejam apenas gráficas. Da mesma forma, para uma língua como o mapuche do Chile ou o turco, em que as modalidades verbais se sufixam na base, deverá ser especificada na morfologia a posição fixa que cada uma delas terá de ocupar na cadeia do sintagma verbal.

A dinâmica linguística é alimentada por dois outros tipos de variações. Até aqui, considerámos os factos de variação sobretudo de acordo

---

[7] André MARTINET, 1965, De la morphonologie, p. 21.

[8] Para a noção de "sintema", ver, na presente obra, o ponto "Léxico e sintaxe", cap. 3.

com um ponto de vista que apenas tem em conta o condicionamento interno dos factos linguísticos, e para isso abstraímo-nos provisoriamente da heterogeneidade inerente a toda e qualquer comunidade linguística[9]. Na verdade, o condicionamento interno acompanha de perto um condicionamento que se deve às variedades de uso[10]. Como é óbvio, na apresentação de uma língua, ter-se-á o cuidado de identificar qualquer variação ligada a um factor regional, social, etário, de sexo, de nível de educação, de estilo, de apreciação subjectiva da língua[11], etc., ou a uma situação de comunicação particular. Existem aqui várias linhas de orientação para estudar este segundo tipo de **variações condicionadas** que convirá aprofundar. Aliás, delas já se ocupou amplamente a linguística dita variacionista, e mesmo a sociolinguística.

Por fim, e em terceiro lugar, há lugar nas línguas para **variações livres**. A sua identificação é extremamente delicada, na medida em que será necessário primeiro ter a certeza de que a escolha de um significado pode, em certos casos, não implicar uma e uma só forma. Levaram-me a tratar teórica e metodologicamente destas variações as minhas investigações sobre línguas em vias de extinção, nomeadamente o qawasqar, língua falada na Patagónia ocidental[12]. A presença de um grande número de monemas cuja forma podia variar livremente[13] permitiu-me delimitar mais precisamente o facto que dá pelo nome de flutuação de fonemas.

---

[9] Para a dificuldade em definir uma comunidade linguística, ver Gisèle DUCOS, 1983, Plurilinguisme et descriptions de langues, e Anne-Marie HOUDEBINE, 1978, *La variété et la dynamique d'un français régional*, pp. 148-409.

[10] André MARTINET, 1960, *Eléments de Linguistique Générale*, tradução portuguesa de Jorge MORAIS BARBOSA, *Elementos de Linguística Geral*, cap. 5.

[11] Cf. os trabalhos sobre "L'imaginaire linguistique" de Anne-Marie HOUDEBINE e nomeadamente o artigo de 1985 "Pour une linguistique synchronique dynamique".

[12] Christos CLAIRIS, 1987, *El qawasqar. Lingüística fueguina. Teoría y descripción*.

[13] Apresentam-se alguns exemplos extraídos de C. CLAIRIS, *El qawasqar...*, pp. 411-18:

"beber"	c'efa	cefa		
"forte"	c'eleqs	celeqs	caleqs	
"junco"	c'epas	c'apas	cepas	capes
"esposa"	afcoq(k)	ofcoq(k)	afceq(k)	
"alimento"	asaqe	asaqa		
"cansado"	awspena	owspena		

No centro da reflexão sobre a noção de "flutuação", enquanto termo de linguística geral, situa-se a determinação dos critérios que permitem reconhecer esses factos como factos de flutuação propriamente ditos. Ainda que, muito provavelmente, tenham feito parte do funcionamento de qualquer língua desde sempre, o seu estudo e a sua valorização dentro do quadro teórico da linguística funcional são relativamente tardios[14].

Devemos o termo de flutuação a Kenneth L. PIKE[15], cujo tratamento da questão remonta a 1947. Pike apresenta os factos de flutuação[16] utilizando, como é seu hábito, exemplos do *kalaba*[17]. Assim, a alternância dos sons [s] e [z] no termo "taça", que se pronuncia *tasa* ou *taza*, e no termo "espada", que se pronuncia *zulï* ou *sulï* deve ser interpretada como uma flutuação entre fonemas plenos ("full phonemes"), uma vez que está plenamente demonstrado que, na mesma língua, os sons em questão são fonemas, opondo-se em contextos idênticos (*nisa* "homem", *niza* "três"). O autor esclarece em seguida que esta variação se limita aos dois termos citados e que não afecta o resto do léxico. Anteriormente, havia já tido o cuidado de distinguir o que é variação livre e o que se situa entre "full independent phonemes" e "submembers of phonemes", entre fonemas ou entre variantes, diríamos nós. Além disso, esclarece que, no caso de uma flutuação entre fonemas ("full phonemes"), a substituição de um fonema por outro se faz "esporádica" e "arbitrariamente" (p. 125a). Esta especificação a respeito da arbitrariedade das flutuações é importante porque mostra desde logo que se reconhece serem as flutuações totalmente independentes do que se considera, na senda de André Martinet, "variedades de uso"[18], isto é, variações condicionadas.

Na tradição da tagmémica, investigadores que trabalharam na mesma óptica de Pike registaram nas suas descrições factos de flutuação.

---

[14] A primeira utilização do termo no seu sentido técnico é registada in Christos CLAIRIS, 1977, Première approche du qawasqar, pp. 150-151.

[15] Kenneth L. PIKE, 1968, *Phonemics: a Technic for Reducing Languages to writing* (1.ª edição 1947), pp. 122-123. O próprio facto em si havia sido observado e identificado por André MARTINET em 1945; cf. infra nota 31.

[16] *Ibidem*, pp. 122-127.

[17] *kalaba*: "A hypothetical language used from problems; each "dialect" of kalaba is considered a separate structural system and contains all the data of that "language" (PIKE, *Phonemics*... p. 241a).

[18] MARTINET, André 1960, *Eléments*..., cap. 5.

Cito, a título de exemplo, Furne RICH[19], que assinalava flutuações nos fonemas em *arabela*, língua indo-ameríndia do Peru, da família das línguas *zaparo*:

> "Althoug /n/ and /r/ are clearly separate as shown in these illustrations: /ninyu/ "to come", /rinyu/ "to breathe", /nanu/ "wild", /ranu/ "to give birth", there is some fluctuation of the two phonemes by most speakers in a limited number of morphemes: /nyuryuku/ or /riuriuku/ "egg"."

Entre os autores que, prosseguindo os estudos de Pike, se debruçaram em particular sobre os factos de flutuação, devemos citar a linguista americana Mary Ritchie KEY. Após ter estudado as flutuações no decurso das suas investigações sobre as línguas indo-ameríndias da Bolívia[20], Key, convidada por André Martinet a apresentar a fonologia do *chama* na revista *La linguistique*, foi a primeira a introduzir o conceito de flutuação no meio funcionalista com o artigo "Phoneme pattern and phoneme fluctuation in Bolivian chama (tacanan)"[21]. Na linha de Pike, define a flutuação de fonemas como "the optional use of one phoneme or another in a given word or phoneme"[22]. A afirmação da autora – "The phonemes must be similar in some way, either by points or manner of articulation" – deve ser circunscrita aos exemplos que cita a propósito do chama, ou a outros casos muito específicos. Não pode ser compreendida como um critério de identificação ao nível de uma teoria geral, dados os abundantes contra-exemplos observados, em que fonemas articulatoriamente afastados podem perfeitamente flutuar[23]. Note-se, aliás, que o próprio Pike não formula de maneira alguma tal exigência.

Em consequência, uma reflexão teórica sobre a flutuação e uma observação sistemática dos factos tornaram-se para os funcionalistas verdadeiramente necessárias, tanto mais que, de forma bastante surpreendente, a noção de flutuação estivera ausente dos trabalhos funcionalistas até 1970. E, não obstante, André Martinet, na "Description phonologique avec application au parler franco-provençal d'Hauteville

---

[19] Furne RICH, 1963, Arabela phonemes and high-level phonology, pp. 193-206.
[20] Mary Ritchie KEY, 1968, *Comparative Tacanan Phonology*.
[21] KEY, 1968, pp. 35-48.
[22] *Ibidem*, p. 44.
[23] Cf. entre outros, na presente obra, os exemplos apresentados por Furne RICH.

(Savoie)"²⁴ sublinhava já, nos mesmos termos de *La description phonologique*..., que:

> "Duplos como *ber'dase, ver'dase* "esquilo" *barüsó, varüsó*, "verme que se aloja sob a pele dos bovídeos" não implicam de modo algum uma tendência actual para a confusão entre os fonemas /b/ e /v/. Trata-se, em casos deste tipo, de duas formas fonológicas perfeitamente distintas."

Com efeito, os factos aqui descritos correspondem na perfeição a uma flutuação de fonemas. Contudo, tanto nas numerosas descrições linguísticas a todos os níveis, como nas obras elaboradas no seguimento dos trabalhos de André Martinet, os fenómenos de flutuação propriamente ditos não foram tratados, a não ser de uma forma muito esporádica e sem serem assinalados como tais²⁵.

Por outro lado, trabalhos importantes realizados segundo uma orientação dialectológica poderiam ter inspirado a reflexão sobre os factos de flutuação e de dinâmica linguística. É pena que os trabalhos de Jacques Allières sobre o que chamou de "poliformismo" em gascão, a partir de 1952, não tenham tido seguimento ao nível de uma linguística geral. Tendo lido as suas publicações sobre a matéria depois de ter elaborado a minha definição das flutuações²⁶, senti que a minha posição saía reforçada pela analogia de pontos de vista teóricos perante factos da mesma natureza. É desta maneira que Jacques Allières define o polimorfismo²⁷:

---

²⁴ *Revue de linguistique romane*, 15, 1939, publicada na realidade em 1945; reproduzido in *La description phonologique avec application au parler franco-provençal d'Hauteville (Savoie)*, 1956, p. 57. [trad. da T.]

²⁵ Cf. Claude HAGÈGE, 1970, *La langue mbum de Nganha (Cameroun). Phonologie-Grammaire*, p. 39: "*l* é um fonema contínuo lateral, sempre apical e sempre realizado como sonoro. É um fonema diferente de *r* na maior parte dos casos. Contudo, em certos signos, os dois fonemas confundem-se. Assim, os nossos informadores dizem ora *lìlô* ora *rìrô* "transpiração", ora *fikìr* ora *fikìl* "apagar". Esta confusão não se produz necessariamente apenas nos casos em que a anfibologia está excluída, isto é, quando não existe um quase-homónimo com o qual se confunde o signo no qual não é respeitada a distinção *r-l*. Assim, "apagar" pode dizer-se indiferentemente sob a forma *fikìr* ou *fikìl*, mas existe um outro monema *fikìr* cujo significado é "torcer"." [trad. da T.].

²⁶ Christos CLAIRIS, 1981, La fluctuation des phonèmes, p. 103.

²⁷ Jacques ALLIÈRES, 1954, Un exemple de polymorphisme phonétique: le polymorphisme de l'-s implosif en gascon garonnais, p. 103.

> "Chamamos "polimorfismo" à coexistência, na linguagem de um falante, de duas ou mais variantes fonéticas ou morfológicas de uma mesma palavra, utilizadas em concorrência uma com a outra para exprimir o mesmo conceito. A escolha de uma ou outra faz-se independentemente do contexto articulatório (*tempo*, etc.) ou de uma qualquer procura de expressividade."

Sublinhemos nesta definição que se trata de duas formas concorrentes da mesma unidade significativa, e que o são independentemente de qualquer condicionamento articulatório, incluindo a diferença entre débito lento e rápido. Estas formas são também independentes de qualquer efeito estilístico ou expressivo. Um facto extremamente importante é o de coexistirem na linguagem do mesmo locutor. Allières insiste neste ponto, escrevendo textualmente[28]:

> "quando um dialectólogo ou um linguista assinalam com espanto a existência do polimorfismo, é porque o observaram na mesma pessoa, para a mesma palavra ou para o mesmo grupo de palavras."

O autor especifica além disso que tais fenómenos se encontram limitados "a certas partes do léxico (a morfologia parece assim obedecer a tendências que lhe são próprias)"[29]. Sublinha também a importância destes fenómenos para a dinâmica linguística, nomeadamente ao afirmar que "este polimorfismo foi um estádio real e vivido, o único concebível no decurso de uma evolução fonética"[30] e ainda noutro passo (p. 531):

> "Assim, parece-nos que o polimorfismo poderá ser, num certo número de casos, o reflexo vivo da diacronia na sincronia."

A respeito do lugar a reservar para estes fenómenos, acrescenta (p. 531):

> "O estudo do polimorfismo não deveria ser uma espécie de sub-secção da fonética, da morfologia, etc. Muito pelo contrário, abre o caminho para uma compreensão mais adequada da linguagem no seu conjunto,

---

[28] Jacques ALLIÈRES, 1962, Aspects géographiques et diachroniques de la phonétique: le polymorphisme, p. 527.
[29] *Ibidem*.
[30] Jacques ALLIÈRES, 1962, Aspects géographiques et diachroniques de la phonétique: le polymorphisme, p. 530.

uma vez que permite considerar em toda a sua extensão factos que preferencialmente surgem mutilados, por amputação de apêndices incómodos que os investigadores não sabem tratar."

e levantará a questão (p. 532):

"Não seria possível ver precisamente em certos factos de polimorfismo um reflexo tangível e mensurável desses desequilíbrios estruturais que permitem aos fonólogos abordar a diacronia?"

Eu próprio, confrontado a partir de 1970 com a descrição do qawasqar, fui levado, pela imposição dos factos observados, a reflectir, no quadro da dupla articulação de André Martinet, sobre a interpretação de uma situação bastante original para mim. Com efeito, nas primeiras etapas da minha investigação, as oposições fonológicas surgiam frequentemente como impossíveis de distinguir. Este efeito resultava da frequência das flutuações, em tal quantidade que seria impossível passarem despercebidas. Na sequência desta experiência, e à luz dos factos observados, iniciei o tratamento teórico deste fenómeno no quadro da linguística funcional[31]. O tratamento centrou-se em torno de três propostas:

a) a definição da flutuação dos fonemas, o que permite, precisamente, a identificação dos factos;
b) um primeiro esboço da tipologia das flutuações de fonemas[32];
c) a introdução da *tropologia* como capítulo particular da morfologia, no quadro do qual deveria situar-se não só o estudo dos fenómenos de flutuação, como também o de todos os factos de variação livre.

---

[31] Christos CLAIRIS, 1981, La fluctuation des phonèmes; Christos CLARIS, 1987, *El qawasqar. Lingüística fueguina. Teoría y descripción*, p. 403-423 e Christos CLAIRIS, 1991, Identification et typologie des fluctuations.

[32] Para os conceitos de "flutuação" e de "oscilação" introduzidos por Pierre MARTIN a título de precisão no capítulo das flutuações, ver os artigos do autor: Pierre MARTIN, 1988, Fluctuation et flottements vocaliques en franco-canadien; Pierre MARTIN, 1989, Fluctuations, flottements et oscillations, en franco-canadien.

A flutuação dos fonemas consiste na possibilidade de um mesmo locutor, nas mesmas circunstâncias, fazer alternar livremente dois ou mais fonemas, dentro da mesma unidade significativa, e apenas para certas unidades do léxico.

Isto implica:
1. que a oposição entre os fonemas em jogo está bem estabelecida, isto é, que se trata de uma alternância possível de fonemas bem distintos;
2. que não se deve confundir a flutuação de fonemas com as variantes livres de realização de um único fonema;
3. que não se deve confundir a flutuação de fonemas com realizações idênticas de fonemas diferentes[33];
4. que a neutralização dos fonemas é um fenómeno de uma natureza totalmente distinta[34] da flutuação, dado estar ligada em exclusivo a um contexto determinado e afectar o conjunto do vocabulário, o que não é de forma alguma o caso das flutuações;
5. que o fenómeno de flutuação deve distinguir-se rigorosamente da variação de formas ligada às variedades de uso. É neste sentido que deve ser interpretada a exigência do "mesmo locutor" postulada na definição. Com efeito, as flutuações não constituem de forma alguma um facto isolado que se manifesta em alguns indivíduos isolados, mas, muito pelo contrário, num fenómeno que abrange a totalidade, ou a quase totalidade dos locutores da comunidade linguística estudada;
6. que a afirmação "nas mesmas circunstâncias" salvaguarda de qualquer confusão com variações resultantes de diferentes níveis de língua ou de efeitos específicos de expressividade;
7. que não devem ser confundidas as flutuações com as alternâncias ligadas ao contexto;
8. que os factos de flutuação nunca afectam a totalidade das unidades significativas de uma língua;

---

[33] Sobre este fenómeno de natureza totalmente diversa, ver André MARTINET, 1969, Réalisations identiques de phonèmes différents.
[34] A este respeito, ver Jean-Michel BUILLES, 1986, L'alternance libre de phonèmes en malgache.

9. que a alternância livre de fenómenos prosódicos pertinentes por outros meios – o lugar do acento em espanhol, por exemplo, que pode ocorrer para algumas unidades do léxico, apenas – deve ser considerada no mesmo quadro das flutuações, mesmo se tal não estiver explicitamente postulado na definição.

Desde que se iniciou o estudo sobre os factos de flutuação, tornou--se evidente que nem todas as flutuações são do mesmo tipo.

À luz dos factos observados, é possível apresentar um primeiro esboço para classificar e compreender melhor os diversos tipos de flutuações. Estas podem assim ser consideradas segundo três pontos de vista:

    A – Do ponto de vista das relações dos fonemas considerados entre si;

    B – Do ponto de vista das causalidades que estão na origem das flutuações;

    C – Do ponto de vista da dinâmica linguística.

A – Do ponto de vista das **relações sustentadas pelos fonemas** considerados, as flutuações podem ocorrer entre fonemas ou que apresentam uma base comum ou que não a apresentam. Esclareço desde já que a expressão "base comum" se refere ao facto de os fonemas envolvidos estarem muito próximos uns dos outros no sistema. Isto não significa que a alternância aconteça numa posição ou num contexto determinado, como acontece no caso da neutralização.

O facto de as flutuações entre fonemas susceptíveis de neutralização pertencerem a um tipo de flutuação com forte representação quantitativa levou Mary Ritchie Key a postular, como vimos, que as flutuações deverão ter lugar entre fonemas similares ("similar") no que toca ao seu ponto ou modo de articulação[35].

---

[35] Da mesma forma, Anne Lefebvre inclina-se para considerar as flutuações como fenómenos fonológicos, argumentando que se trata "de fonemas cuja oposição é susceptível de neutralização, ou que apenas se opõem por um traço pertinente, como atestado pelos exemplos" (LEFEBVRE, 1984, p. 191).

Todavia, a flutuação entre fonemas com uma base comum representa apenas um tipo de flutuação. Há inúmeros casos em que a flutuação afecta fonemas não neutralizáveis. A título de exemplo, cito os seguintes:

/n/-/r/	nyuryuku – riuriuku	"ovo"	em arabela[36]
/i/-/a/	a'komi – a'koma	"ainda"	em grego
/d/-/r/	sudamérica – suramérica		em espanhol
/l/-/q/	altal – altaq	"trabalho"	em qawasqar
/t/-/l/	pèt – pèl	"pele"	em gascão[37]

B – Do ponto de vista das **causalidades** que favorecem a ocorrência de uma flutuação, podem distinguir-se, provisoriamente, três grandes categorias, sem esquecer, obviamente, que intervêm ao mesmo tempo vários factores. Como consequência, os mesmos factos podem ser classificados em diferentes categorias. Pode assim prever-se que o aparecimento de flutuações é favorecido:

a) pelas pressões do sistema;
b) pelos contactos linguísticos;
c) pelos factores extra-linguísticos.

O facto de incluir as pressões do sistema como factores que favorecem as flutuações parece à primeira vista um argumento a favor do tratamento das flutuações como factos fonológicos, o que não é de forma alguma o caso. Argumentar desta forma seria o mesmo que confundir as causas de um fenómeno com o próprio fenómeno. Um número razoável de variações morfológicas observadas em sincronia pode ser explicado diacronicamente por mudanças fonéticas, o que não implica que elas deixem por isso de ser morfológicas. Nos factos apresentados por Anne LEFEBVRE na sua tese[38], reconhece-se efectivamente a pressão do sistema na presença de um grande número de flutuações entre vogais de segundo e terceiro grau de abertura, mas, enquanto a oposição perma-

---

[36] Furne RICH, 1963, Arabela phonemes and high-level phonology, p. 194.
[37] Jacques ALLIÈRES, 1962, Aspects géographiques et diachroniques de la phonétique: le polymorphisme, p. 528.
[38] Ver Anne LEFEBVRE, 1984, *Lille parle: du nombre et de la variété des registres langagiers; étude sociolinguistique du parler de la région lilloise*, sobretudo o cap. X.

necer estável para um certo número de monemas, tratar-se-á de fenómenos tropológicos[39], isto é, de morfologia.

No que toca aos contactos linguísticos, que fazem parte dos factores fundamentais que podem provocar flutuações, será necessário proceder a uma diversificação em sub-categorias que distinga diferentes casos, tal como se apresentam na seguinte lista, sem qualquer pretensão de exaustividade:

1. contactos entre as variedades regionais de uma mesma língua;
2. contacto entre uma língua de grande difusão e de tradução escrita com uma língua de tradição oral, que tanto pode ser falada por um pequeno número como por um grande número de falantes;
3. contactos entre duas ou mais línguas de tradição oral;
4. contactos entre duas ou mais línguas de grande difusão, ditas de prestígio;
5. contactos entre línguas que pertencem à mesma família ou a famílias diferentes.

Entre os factores extra-linguísticos que podem influenciar ou positiva ou negativamente o aparecimento das flutuações, podemos citar a ausência ou a presença de uma planificação linguística, o papel da escrita, e ainda a importância do imaginário linguístico[40].

C – Do ponto de vista da **dinâmica linguística**, é possível distinguir pelo menos quatro casos:

a) Flutuações que permitem formular uma hipótese de eliminação de uma oposição
As numerosas flutuações entre fonemas glotalizados e não glotalizados em qawasqar, em tehuelche e noutras línguas ameríndias constituem exemplos para este caso concreto.

b) Variações que permitem formular a hipótese de aquisição de uma oposição

---

[39] Ver infra o ponto seguinte, "A tropologia".
[40] Ver Anne-Marie HOUDEBINE, 1983, Sur les traces de l'imaginaire linguistique.

Trata-se de um caso particular, na medida em que a variação ocorre entre um fonema da língua estudada e um fonema de outra língua. O fiji, como observou já Henriette Walter[41], oferece um exemplo neste sentido. A flutuação, segundo os dados publicados por Albert Schütz[42], ocorre entre o fonema fiji /b/ e o fonema inglês /p/ em alguns empréstimos do inglês, por exemplo *beni – peni* para "caneta", *beba – pepa* para "papel". Esta flutuação indicia uma integração do fonema /p/ em fiji. Deverá ser possível observar uma situação análoga na integração da nasal velar em francês[43].

c) Flutuações que fazem parte dos sintomas que acompanham, por vezes, o desaparecimento das línguas

A observação foi feita em primeiro lugar por Wolfgang Dressler[44] a propósito das suas investigações sobre o bretão, tendo sido confirmada por mim na descrição do qawasqar e retomada no quadro de uma problemática geral ligada à dinâmica do desaparecimento das línguas[45]. O que se torna pertinente neste caso não é a presença de flutuações, mas a sua importância quantitativa e o estado generalizado das flutuações que envolvem a quase totalidade dos fonemas.

d) Flutuações que representam casos isolados sem exercer, no momento em que são observados, uma influência sobre a evolução da língua
É o caso, por exemplo, de *sudamérica – suramérica* em espanhol.

A tipologia que acabo de apresentar é um primeiro esboço, não tem carácter definitivo e não pretende ser exaustiva. Poderá tornar-se mais precisa, ser corrigida e aperfeiçoada mediante as sugestões e os trabalhos de outros investigadores que trabalham neste domínio.

---

[41] Henriette WALTER, 1984, Entre la phonologie et la morphologie. Variantes libres et fluctuations, p. 70.
[42] Albert SCHÜTZ, 1979, *English loanwords in Fijian. Fijian language studies: Borrowing and pidginization.*
[43] Henriette WALTER, 1983, La nasale vélaire. Un phonème du français?
[44] Wolfgand DRESSLER, 1972, On the phonology of language death, p. 454.
[45] Christos CLAIRIS, 1988, Dynamique de la disparition.

Tipologia das flutuações de fonemas
Quadro de recapitulação

A. Do ponto de vista das relações sustentadas pelos fonemas entre si
  entre fonemas que apresentam uma base comum
  entre fonemas que não apresentam uma base comum

B. Do ponto de vista das causalidades
  as pressões do sistema
  os contactos linguísticos
    variedades da mesma língua
    língua de prestígio com língua oral
    entre línguas orais
    entre línguas de prestígio
    entre línguas da mesma família ou de diferentes famílias
  os factores extra-linguísticos
    poder central
    planificação linguística
    escrita
    imaginário linguístico

C. Do ponto de vista da dinâmica linguística
  eliminação de uma oposição
  aquisição de uma oposição
  desaparecimento das línguas
  casos isolados

A tropologia

Após ter identificado desta forma os factos de flutuação, podemos perguntar-nos se deverão ser tratados no âmbito do capítulo da fonologia. Foi essa a posição de Mary Ritchie Key, que desde sempre apresentou as flutuações como fenómenos fonológicos. Já André Martinet, Henriette Walter, Jean-Michel Builles e eu próprio[46], desde o primeiro momento em que nos ocupámos do fenómeno, sublinhámos o facto de as flutuações não poderem fazer parte da fonologia. O argumento decisivo é-nos dado pelos próprios factos: as flutuações apenas podem afectar **uma parte** do

---

[46] Christos CLAIRIS, Première approche du qawasqar. Identification et phonologie, p. 151: "A flutuação não afecta de forma alguma o sistema fonológico".

vocabulário, nunca a sua totalidade. Por outras palavras, as flutuações existem enquanto a oposição existe. Se este estádio fosse ultrapassado, isto é, se as flutuações afectassem o conjunto das unidades significativas, nesse mesmo momento, a oposição desapareceria e não poderíamos continuar a falar em dois fonemas distintos. As flutuações existem enquanto a oposição existir, se e só se a oposição existir. Consequentemente, é impossível tratar as flutuações como factos fonológicos.

Nesse caso, qual o capítulo da linguística no qual se poderá enquadrar o tratamento das flutuações? É por demais evidente que são variações de forma de certos monemas. Daí que Henriette Walter e Jean-Michel Builles proponham que sejam tratadas na morfologia[47]. Para tanto, baseiam-se ambos na concepção de morfologia como estudo das variantes da significação de um monema, posição que devemos a Martinet. Com efeito, a morfologia trata das variações não pertinentes do significante, e as flutuações representam alternâncias não pertinentes. Neste sentido geral, o seu estudo faz parte da morfologia.

Além disso, o estudo das flutuações permitiu-nos delimitar melhor o domínio da morfologia. Os factos de morfologia estudados até aqui são geralmente variações que se impõem automaticamente ao locutor de uma língua. Mesmo sabendo que o *verd-* de *verdâtre* é o mesmo monema que o *ver-* de *un tapis vert*, ou que temos em *belo* o mesmo monema que encontramos em *beleza*, não podemos dizer *verâtre* ou *beloza* (!) por mera constrição fonológica. Em compensação, as flutuações são por definição variações livres, do mais puramente livre que existe. Deste ponto de vista, é difícil não as distinguir das outras variações morfológicas, essas sim, obrigatórias.

Esta reflexão levou-me muito para além dos factos da flutuação de fonemas. Creio compreender que a escolha das formas numa língua nem sempre é pré-determinada por constrições estruturais, ainda que a estrutura seja plural.

Quando menciono as formas, concebo-as sempre como ligadas ao mesmo significado, ou, de forma mais clara, penso nas formas enquanto

---

[47] Henriette WALTER, 1984, Entre la phonologie et la morphologie. Variantes libres et fluctuations, p. 68: "As *flutuações* são, por conseguinte, morfologia"; Jean-Michel BUILLES, 1986, L'alternance libre de phonèmes en malgache, p. 48: "Trata-se [no caso das flutuações] de fenómenos morfológicos". [trad. da T.]

significante de um significado. Neste sentido, o que quero dizer é que a escolha de um significado pode, em certos casos, não implicar apenas uma forma. Se a minha observação for correcta, é válida não apenas para os monemas mas para tudo o que diz respeito à organização do discurso. Nestas condições, existe nas línguas, em pura sincronia, um espaço de liberdade onde pode haver variações de formas que não são de forma alguma impostas, e sem efeitos de sentido perceptíveis. Estas variações podem afectar tanto as unidades da segunda articulação como as unidades da primeira articulação. Podem ainda afectar a expressão das funções sintácticas. Por todas estas razões, a fim de tratar este domínio do possível, pareceu-me útil e fecundo propor uma linha específica de investigação, um capítulo novo da morfologia intitulado **tropologia**, que defino como **o estudo das variações possíveis e não obrigatórias**:

a) **na escolha das unidades de segunda articulação sem que a identidade das unidades da primeira articulação seja afectada;**

b) **da combinação das unidades de primeira articulação que constituem uma mensagem, bem como das marcas de função, sem que a identidade dessa mesma mensagem seja afectada.**

Por conseguinte, é evidente que as flutuações fazem parte desses factos tropológicos que, enquanto tal, contribuem para a dinâmica linguística. Por outro lado, **permanecem disponíveis** para assumir os mais diversos papéis com fins estilísticos, poéticos, e outros ainda. Contudo, devemos estabelecer que, a partir do momento em que um facto tropológico se tornar num indício de qualquer coisa, de um efeito de estilo, por exemplo, deixará de ser um fenómeno tropológico e tornar-se-á numa marca desse estilo específico.

Neste sentido, Conrad Bureau distingue, por oposição aos factos estilísticos, os factos tropológicos:

"Podemos pensar que algumas destas latitudes de expressão pertencem à estilística, que outras pertencem à tropologia, que outras ainda devem ser objecto de estudo de uma pragmática."[48]

---

[48] Conrad BUREAU (relator), 1981, Une stylistique fonctionnelle est-elle possible?, p. 41.

Por seu lado, Fotis Kavoukopoulos comprovou a abundância dos factos tropológicos no domínio da sintaxe, nomeadamente na manifestação de funções[49]. Dado que o meu propósito aqui não é o de desenvolver este domínio, remeto para a obra deste autor, cujo índice (p. 1020) oferece um elevado número de referências sobre os factos tropológicos.

Percebe-se assim que esta linha de investigação permite abranger, para além das flutuações, um certo número de fenómenos difíceis de compreender sem uma qualquer distinção entre variações obrigatórias e variações livres, ou seja, entre uma morfologia contextual e uma morfologia livre, que, a meu ver, se deve chamar tropologia.

Uma nova leitura do capítulo "Phonologie et Phonostylistique" dos *Principes de Phonologie* de Nicolas S. Troubetzkoy (pp.16-29 da tradução de Jean Cantineau), feita à luz da linguística funcional que praticamos, parece-me interessante para melhor compreender o evoluir de certas ideias teóricas e avaliar o caminho percorrido. Neste capítulo, Troubetzkoy esclarece, sem deixar de atribuir a paternidade da ideia a Karl Bühler, que toda a manifestação da fala tem três faces:

> "é ao mesmo tempo uma *apresentação* (ou uma *expressão*) do falante que visa a sua caracterização, um *apelo* ao auditor (ou aos auditores) que visa produzir uma dada impressão, e uma *representação* do estado das coisas, objecto do intercâmbio." [trad. da T.]

Por outras palavras, a manifestação da fala, segundo Troubetzkoy, projecta-se sobre três planos: *o plano expressivo*, que permite caracterizar o falante, *o plano apelativo*, que se refere a "todos os processos convencionais que servem para despertar sentimentos e emoções" e *o plano representativo*, que se refere *ao que* dizemos.

Tendo posto a questão de saber se todos estes planos devem fazer parte do objecto da fonologia, Troubetzkoy conclui que a fonologia não deve "ser *sub-dividida* em fonologia expressiva, apelativa e representa-

---

[49] Fotis KAVOUKOPOULOS, 1988, *Les expansions casuelles et prépositionnelles du prédicat. Essai de syntaxe homérique*, p. 639: "Pareceu-nos possível utilizar na nossa análise o próprio termo de flutuação para designar, no idioma homérico, a variação não obrigatória e não condicionada (a não ser pelas fórmulas estabelecidas na tradição épica, bem como pelas suas modificações, mas, em todo o caso, não por uma qualquer constrição gramatical) de uma parte dos processos de indicação formal dessa mesma língua homérica." [trad. da T.].

tiva" (p. 29) Propõe que seja reservado o termo de *fonologia* para "o estudo da face fónica da língua, com valor representativo" (p. 29). Por outro lado, para estudar "os processo fónicos de expressão e de apelo" (p. 29), propõe "um ramo científico particular, a saber, a *fono-estilística*", que, por sua vez, pode ser sub-dividida "em estilística fonética e em estilística fonológica" (p. 29). Na sua proposta, tem o cuidado de distinguir todo o que é natural de tudo o que é convencional[50]. Insiste em particular no facto de apenas o convencional dever ser considerado no quadro da "estilística fonológica".

A linguística funcional posterior à Escola de Praga originou várias orientações de investigação que corresponderão à fono-estilística de Troubetzkoy. A maior parte dos factos observados por Troubetzkoy no quadro do plano expressivo fazem parte do que se chama, na linha de André Martinet, as "variedades dos usos"[51]. As variedades sociais[52], as variedades regionais[53], as variedades devidas a diferentes situações de comunicação (níveis de língua)[54], as variedades ligadas às diferenças de idade e de sexo[55] teriam sido consideradas por Troubetzkoy como fazendo

---

[50] Ver Nicolas S. TROUBETZKOY, 1957 (trad. Jean CANTINEAU, 1.ª edição 1949), *Principes de phonologie*, p. 21: "Mas devemos evitar confundir as diferenças convencionais com as diferenças cuja origem é natural". [trad. da T.]

[51] André MARTINET, 1960, *Eléments de Linguistique Générale*, tradução portuguesa de Jorge MORAIS BARBOSA, *Elementos de Linguística Geral*, §§ 1-14.

[52] Cf. TROUBETZKOY, *Principes*..., pp. 21-22: "A língua corrente de Viena soa de forma muito diferente na boca de um funcionário do ministério e na boca de um comerciante. Na Rússia pré-revolucionária, os membros do clero distinguiam-se pela pronúncia do *g* (como g), mesmo quando falavam em geral a língua literária mais pura. Existia uma pronúncia particularmente "nobre" e uma pronúncia "comercial" do russo literário". [trad. da T.]

[53] Cf. TROUBETZKOY, *Principes*..., p. 22: "Em todas as línguas, também existem diferenças *locais* na pronúncia: é por essas diferenças que as pessoas distinguem muitas vezes numa feira rural a aldeia de onde vem o falante". [trad. da T.]

[54] Cf. TROUBETZKOY, *Principes*..., p. 22: "Um falante não necessita de empregar sempre o mesmo estilo expressivo: ora se serve de um, ora de outro, conforme o conteúdo da conversação, conforme o carácter do auditor e, em resumo, conforme os usos em vigor na comunidade linguística a que pertence". [trad. da T.]

[55] Cf. TROUBETZKOY, *Principes*..., p. 19: "Através destes processos, são indicados, por exemplo, a pertença a uma faixa etária determinada, a uma classe social, ou ainda o sexo, o grau de cultura, ou, enfim, a origem do falante, particularidades essenciais para a estrutura interna de uma comunidade linguística, bem como para o conteúdo e a forma da conversação" e, mais adiante, ainda na p. 19: "Nas comunidades linguís-

parte da fono-estilística, nomeadamente o estudo da função expressiva da estilística fonológica.

A linguística funcional, que, desde as suas origens, considera a língua como uma instituição social e que, como acabámos de ver, sempre teve em conta a heterogeneidade da língua, nomeadamente ao estudar as variedades dos usos, não necessita de recorrer de forma explícita a uma designação como a de "sociolinguística". Todavia, é evidente que a actividade de investigação assim designada na senda dos linguistas americanos corresponde, ao mesmo título que as "variedades dos usos" de Martinet, à fono-estilística de Troubetzkoy.

Neste mesmo capítulo – "Phonologie et phonostylistique", Troubetzkoy sublinha (p. 23) que, "Para lá dos processos puramente expressivos, outros há que cumprem também uma função representativa especial". A este respeito, explicita (p. 23) que nem todas as oposições fónicas funcionam da mesma forma em todos os locutores e que "existem entre os casos deste género diversos sistemas fonológicos (ou fonéticos) dialectais, e, do ponto de vista expressivo, diversas formas expressivas desses mesmos sistemas". Reencontramos nesta afirmação o germe das preocupações que levaram André Martinet a construir o conceito fundamental de "sincronia dinâmica"[56].

Em compensação, nem no capítulo "Phonologie et phonostylistique", nem no das "Réflexions sur la morphonologie" (pp. 337-341), encontraremos qualquer vestígio de factos que correspondam a variações não condicionadas ou pelo contexto ou por um uso particular. Foi precisamente para o estudo destas variações que propus o ponto intitulado tropologia enquanto domínio específico da morfologia.

---

ticas que apresentam pouca ou nenhuma variação do ponto de vista social, são sobretudo as diferenças etárias e de sexo que se manifestam na pronúncia ou na realização de certos sons da linguagem". [trad. da T.]

[56] André MARTINET, 1975, *Évolution des langues et reconstruction*, nomeadamente o capítulo "Diachronie et synchronie dynamique", pp. 5 – 10, e André MARTINET, 1995, *Função e dinâmica das línguas*.

MORFOLOGIA

Morfologia	variantes dos significantes
	posição dos monemas

Morfologia	contextual
	variações obrigatórias
	livre ou tropologia
	variações possíveis

Posição	não pertinente
	morfologia
	pertinente
	sintaxe

Posição não pertinente (morfológica)	determinada pelo contexto
	fixa
	livre (tropológica)
	variável

FONO-ESTILÍSTICA E TROPOLOGIA

Nicolas TROUBETZKOY

manifestação da fala	plano expressivo: *quem* fala
	plano apelativo: em *que* tom
	plano representativo: *o que* diz

plano representativo	Fonologia
plano expressivo	Fono-estilística
plano apelativo	

Nicolas TROUBETZKOY	André MARTINET e nós
Fonologia	Fonologia
	(fonemática e prosódia)
Fono-estilística	variedades dos usos
	[sociolinguística]
	sincronia dinâmica
	prosódia

Da previsibilidade

A natureza dos factos tropológicos que fazem parte de pleno direito da sincronia dinâmica possibilita igualmente hipóteses de previsão sobre as tendências evolutivas de uma língua. As investigações de Hélène Béliyanni sobre o grego do evangelho apócrifo de Nicodemus[57] e as de Dragomira Valtcheva sobre o grego medieval[58] permitiram evidenciar a importância do estudo das variações livres numa perspectiva de sincronia dinâmica.

Ao estudar a dinâmica que levou, alguns séculos mais tarde, ao desaparecimento do infinitivo em grego, Bélliyanni apresenta exemplos que mostram a coexistência, no mesmo texto de Nicodemus, de dois tipos de construções sintácticas destinadas a satisfazer as mesmas necessidades comunicativas, isto é, o uso do infinitivo do verbo e o uso das proposições introduzidas pelo monema funcional subordinante ἵνα.

Por seu lado, Valtcheva pôde estudar a variação livre das marcas de funções espaciais em quatro romances medievais bizantinos. Neles se constata, por exemplo, que a função de "proveniência" é indicada de cinco maneiras diferentes: *a*) genitivo simples, *b*) preposição ἀπό + genitivo, *c*) preposição ἀπό + acusativo, *d*) preposição ἐκ + genitivo, *e*) preposição ἐκ + acusativo. As tendências da dinâmica estudada tal como se apresentam a partir dos cálculos estatísticos, tendo em conta o conjunto das ocorrências das expressões espaciais, concordam em absoluto com as actuais tendências do grego. Por exemplo, a forma mais habitual para exprimir a proveniência no grego contemporâneo consiste em utilizar a forma ἀπό + acusativo. Nas investigações de Valtcheva, esta forma surge como tendência dominante já há cinco séculos atrás. Por todas estas razões se pode considerar que o **poder de previsibilidade** deste tipo de investigações, graças, entre outros factores, a esta demonstração *in vitro*, parece confirmar-se.

---

[57] Hélène BÉLIYANNI, 1996, L'évolution de l'infinitif en grec. Un cas d'économie linguistique.
[58] Dragomira VALTCHEVA, 2001, Δυναμική τῆς γλώσσας των βυζαντινών μυθιστορημάτων: οι παραλλαγές στη δήλωση των τοπικών σχέσεων.

3.
NO LIMIAR DA SINTAXE: AS CLASSES

As origens

A identificação das unidades significativas mínimas (USM), os monemas, é a tarefa primordial para descobrir, numa dada língua, as cristalizações sintácticas que possibilitam as relações estabelecidas por essas mesmas unidades, as quais têm por objectivo elaborar mensagens a comunicar a outrem.

Uma das primeiras observações a fazer neste domínio é a de que nem todas as unidades se comportam da mesma maneira nas relações que podem sustentar entre si. Cada uma, independentemente do seu sentido próprio e da sua forma própria, parece não só partilhar certos hábitos com outras unidades, como também não estabelecer relações com certos tipos de unidades significativas. Em francês ou em português, por exemplo, uma unidade como o determinante definido *le*, ou *o* pode estabelecer uma relação directa com um nome, *le crayon, o lápis*, mas é incompatível com um pronome pessoal, *le vous, *o vós.

A observação deste facto, isto é, das possibilidades e das obrigatoriedades de combinação das unidades umas com as outras, remonta às mais antigas reflexões sobre a língua, feitas pelos filósofos gregos.

É interessante constatarmo-lo directamente nas fontes. No diálogo do *Sofista* de Platão, Teeteto, dirigindo-se ao Estrangeiro, que é o seu interlocutor, interroga-o sobre o que é necessário saber (ὑπακουστέον: subentender) no que diz respeito às palavras (aqui: ὀνόματα).

ΘΕΑΙΤΗΤΟΣ – Τὸ ποῖον οὖν δὴ περὶ; τῶν ὀνομάτων ὑπακουστέον "Que devemos subentender por nomes?"

A resposta do Estrangeiro é clara:

ΞΕΝΟΣ – Εἴτε πάντα ἀλλήλοις συναρμόττει εἴτε μηδέν, εἴτε τὰ μὲν ἐθέλει, τὰ δὲ μή "Podem todos combinar-se uns com os outros ou não; ou uns podem fazê-lo e os outros não?"

Segue-se a afirmação de Teeteto:

ΘΕΑΙΤΗΤΟΣ – Δῆλον τοῦτό γε, ὅτι τὰ μὲν ἐθέλει, τὰ δ' οὔ "É evidente que uns sim, os outros não."

Após ter observado assim que nem tudo pode combinar-se com tudo, isto é, que as unidades significativas estabelecem entre si relações de acordo com o que chamaríamos compatibilidades, distinguem-se na sequência deste diálogo duas outras categorias de expressão do ser (οὐσία) por meio da voz, categorias essas que são os nomes (ὀνόματα) e os verbos (ῥήματα). Por outras palavras, estamos perante a primeira observação de uma oposição verbo-nominal numa dada língua. Seja dito de passagem que, para fazer referência à língua, é posto em evidência o que melhor marca a sua identidade, isto é, a voz (φωνή), que oferece a possibilidade de manifestar (δήλωμα) o sentido.

Para uma melhor apreciação do que acabámos de expor, segue-se um excerto mais completo do *Sofista* (261c-262e):

ΞΕΝΟΣ - Λόγον δὴ πρῶτον καὶ δόξαν, καθάπερ ἐρρήθη νυνδή, λάβωμεν, ἵνα ἐναργέστερον ἀπολογισώμεθα πότερον αὐτῶν ἅπτεται τὸ μὴ ὂν ἢ παντάπασιν ἀληθῆ μέν ἐστιν ἀμφότερα ταῦτα, ψεῦδος δὲ οὐδέποτε οὐδέτερον.	O Estrangeiro[1]: Tomemos, pois, de início, como dizíamos há pouco, o discurso (*logos*) e a opinião (*doxa*), para verificarmos mais claramente se o não--ser a eles se prende, ou se são os dois absolutamente verdadeiros, tanto um como o outro, e jamais falsos.
ΘΕΑΙΤΗΤΟΣ -'Ορθῶς.	T.: Sim.
ΞΕΝΟΣ - Φέρε δή, καθάπερ περὶ τῶν εἰδῶν καὶ τῶν γραμμάτων ἐλέγομεν, περὶ τῶν ὀνομάτων πάλιν ὡσαύτως ἐπισκεψώμεθα. φαίνεται γάρ πῃ ταύτῃ τὸ νῦν ζητούμενον.	O E.: Prossigamos, a exemplo do que dissemos a respeito das formas e das letras, e do mesmo modo refaçamos esta pesquisa, tomando por objectos os nomes. O que pesquisamos agora revela-se da mesma maneira.

---

[1] A versão portuguesa, parcialmente modificada, segue a tradução de *O Sofista*, de Platão, de Alexandre Pinheiro Torres, Porto, Edições Sousa & Almeida, s/d. Uma palavra de agradecimento é devida à Doutora Fátima Sousa e Silva pela revisão final dos textos [N. da T.].

ΘΕΑΙΤΗΤΟΣ - Τὸ ποῖον οὖν δὴ περὶ τῶν ὀνομάτων ὑπακουστέον;

T.: Que devemos subentender por nomes?

ΞΕΝΟΣ - Εἴτε πάντα ἀλλήλοις συναρμόττει εἴτε μηδέν, εἴτε τὰ μὲν ἐθέλει, τὰ δὲ μή.

O E.: Podem todos combinar-se uns com os outros ou não; ou uns podem fazê-lo e os outros não?

ΘΕΑΙΤΗΤΟΣ - Δῆλον τοῦτό γε, ὅτι τὰ μὲν ἐθέλει, τὰ δ' οὔ.

T.: É evidente que uns sim, os outros não.

ΞΕΝΟΣ - Τὸ τοιόνδε λέγεις ἴσως, ὅτι τὰ μὲν ἐφεξῆς λεγόμενα καὶ δηλοῦντά τι συναρμόττει, τὰ δὲ τῇ συνεχείᾳ μηδὲν σημαίνοντα ἀναρμοστεῖ.

O E.: Eis, talvez, o que entendes por isso: aqueles que formam uma sequência e <assim> revelam algum sentido, combinam-se, mas os outros, cuja sequência não forma sentido nenhum, não se combinam.

ΘΕΑΙΤΗΤΟΣ - Πῶς τί τοῦτ' εἶπας;

T.: Como assim? Que queres dizer?

ΞΕΝΟΣ - Ὅπερ ᾠήθην ὑπολαβόντα σε προσομολογεῖν. ἔστι γὰρ ἡμῖν που τῶν τῇ φωνῇ περὶ τὴν οὐσίαν δηλωμάτων διττὸν γένος.

O E.: O que julguei teres no espírito, ao concordares comigo. Possuímos, na verdade, para exprimir o ser (*ousia*) pela voz, dois géneros de signos (*semeîon*).

ΘΕΑΙΤΗΤΟΣ - Πῶς;

T.: Quais?

ΞΕΝΟΣ - Τὸ μὲν ὀνόματα, τὸ δὲ ῥήματα κληθέν.

O E.: O nome (*onoma*), e o verbo (*rêma*), como lhes chamamos.

ΘΕΑΙΤΗΤΟΣ - Εἰπὲ ἑκάτερον.

T.: Explica essa tua distinção.

ΞΕΝΟΣ - Τὸ μὲν ἐπὶ ταῖς πράξεσιν ὂν δήλωμα ῥῆμά που λέγομεν.

O E.: O que exprime as acções (*práxeis*), chamamos nós verbo.

ΘΕΑΙΤΗΤΟΣ - Ναί.

T.: Sim.

ΞΕΝΟΣ - Τὸ δέ γ' ἐπ' αὐτοῖς τοῖς ἐκείνας πράττουσι σημεῖον τῆς φωνῆς ἐπιτεθὲν ὄνομα.

O E.: Quanto aos sujeitos que executam essas acções, o signo vocal que se lhes aplica é o de nome.

ΘΕΑΙΤΗΤΟΣ - Κομιδῇ μὲν οὖν.

T.: Perfeitamente.

ΞΕΝΟΣ - Οὔκουν ἐξ ὀνομάτων μὲν μόνων συνεχῶς λεγομένων οὐκ ἔστι ποτὲ λόγος, οὐδ' αὖ ῥημάτων χωρὶς ὀνομάτων λεχθέντων.

O E.: De tal forma que uma simples sequência de nomes enunciados em conjunto não forma um discurso (*logos*), tal como não o fazem verbos sem o acompanhamento dos nomes.

ΘΕΑΙΤΗΤΟΣ - Ταῦτ᾽ οὐκ ἔμαθον.

T.: Eis o que eu não sabia.

ΞΕΝΟΣ - Δῆλον γὰρ ὡς πρὸς ἕτερόν τι βλέπων ἄρτι συνωμολόγεις· ἐπεὶ τοῦτ᾽ αὐτὸ ἐβουλόμην εἰπεῖν, ὅτι συνεχῶς ὧδε λεγόμενα ταῦτα οὐκ ἔστι λόγος.

O E.: É que, certamente, tinhas outra coisa em vista, dando-me, há pouco, o teu assentimento. O que eu queria dizer é exactamente isto: o que for enunciado numa sequência como esta não é um discurso.

ΘΕΑΙΤΗΤΟΣ - Πῶς;

T.: Como?

ΞΕΝΟΣ - Οἷον "βαδίζει", "τρέχει", "καθεύδει", καὶ τἆλλα ὅσα πράξεις σημαίνει ῥήματα, κἂν πάντα τις ἐφεξῆς αὔτ᾽ εἴπῃ, λόγον οὐδέν τι μᾶλλον ἀπεργάζεται.

O E.: Por exemplo, *anda, corre, dorme* e todos os outros verbos significam acção (*praxeis*); mesmo dizendo-se todos, uns após os outros, nem por isso formam um discurso.

ΘΕΑΙΤΗΤΟΣ - Πῶς γάρ;

T.: Como assim?

ΞΕΝΟΣ - Οὐκοῦν καὶ πάλιν ὅταν λέγηται "λέων" "ἔλαφος" "ἵππος", ὅσα τε ὀνόματα τῶν τὰς πράξεις αὖ πραττόντων ὠνομάσθη, καὶ κατὰ ταύτην δὴ τὴν συνέχειαν οὐδείς πω συνέστη λόγος· οὐδεμίαν γὰρ οὔτε οὕτως οὔτ᾽ ἐκείνως πρᾶξιν οὐδ᾽ ἀπραξίαν οὐδὲ οὐσίαν ὄντος οὐδὲ μὴ ὄντος δηλοῖ τὰ φωνηθέντα, πρὶν ἄν τις τοῖς ὀνόμασι τὰ ῥήματα κεράσῃ. τότε δ᾽ ἥρμοσέν τε καὶ λόγος ἐγένετο εὐθὺς ἡ πρώτη συμπλοκή, σχεδὸν τῶν λόγων ὁ πρῶτός τε καὶ σμικρότατος.

O E.: E se dissermos ainda: *leão, cervo, cavalo* e todos os demais nomes que designam sujeitos que executam acções, haverá, ainda aqui, uma sequência da qual jamais resultará discurso algum. Isto porque nem nesta sequência nem na precedente os sons enunciados indicam acção, inacção, a existência de um ser, nem a de um não-ser, pois não unimos os verbos aos nomes. Somente unidos teremos uma combinação, e desta primeira combinação nasce o discurso, que será o primeiro e o mais breve de todos os discursos.

ΘΕΑΙΤΗΤΟΣ - Πῶς ἄρ᾽ ὧδε λέγεις;

T.: Que queres tu dizer com isso?

ΞΕΝΟΣ - Ὅταν εἴπῃ τις· "ἄνθρωπος μανθάνει", λόγον εἶναι φῂς τοῦτον ἐλάχιστόν τε καὶ πρῶτον;

O E.: Ao dizeres *O homem aprende*, reconheces na expressão um discurso muito simples e elementar?

ΘΕΑΙΤΗΤΟΣ - Ἔγωγε.

T.: Sem dúvida.

No limiar da sintaxe: as classes 53

ΞΕΝΟΣ -Δηλοῖ γὰρ ἤδη που τότε περὶ τῶν ὄντων ἢ γιγνομένων ἢ γεγονότων ἢ μελλόντων, καὶ οὐκ ὀνομάζει μόνον ἀλλά τι περαίνει, συμπλέκων τὰ ῥήματα τοῖς ὀνόμασι. διὸ λέγειν τε αὐτὸν ἀλλ' οὐ μόνον ὀνομάζειν εἴπομεν, καὶ δὴ καὶ τῷ πλέγματι τούτῳ τὸ ὄνομα ἐφθεγξάμεθα λόγον.	O E.: É que, desde logo, ele nos dá uma indicação relativa ao que é, ou se tornou, ou foi, ou será. Por outras palavras, não se limita a nomear, apenas, mas permite-nos ver que algo aconteceu, combinando verbos e nomes. Eis a razão por que dissemos que discorre e não somente que nomeia. A esta combinação chamámos discurso (*logos*).
ΘΕΑΙΤΗΤΟΣ - Ὀρθῶς.	T.: Justamente.
ΞΕΝΟΣ - Οὕτω δὴ καθάπερ τὰ πράγματα τὰ μὲν ἀλλήλοις ἥρμοττεν, τὰ δ' οὔ, καὶ περὶ τὰ τῆς φωνῆς αὖ σημεῖα τὰ μὲν οὐχ ἁρμόττει, τὰ δὲ ἁρμόττοντα αὐτῶν λόγον ἀπηργάσατο.	O E.: Assim, pois, do mesmo modo que, entre as coisas (*pragmata*), umas se combinam, as outras não, assim também, nos sinais vocais, uns não se podem combinar, ao passo que outros podem fazê-lo, e desta maneira originam um discurso.
ΘΕΑΙΤΗΤΟΣ - Παντάπασι μὲν οὖν.	T.: Perfeitamente exacto.

Após o evidenciar desta distinção entre os *nomes* (ὄνομα) e os *verbos* (ῥῆμα) por Platão, a reflexão de Aristóteles sobre os géneros mais gerais do ser, que também passa pelos Estóicos, levará a que os gramáticos de Alexandria estabeleçam as "partes do discurso" (μέρη τοῦ λόγου). Nas suas *Categorias* (cap. iv), Aristóteles distingue entre as expressões que significam: 1) substância, 2) quantidade, 3) qualidade, 4) relação, 5) espaço, 6) tempo, 7) posição, 8) posse, 9) acção, 10) passividade[2].

O culminar desta categorização na primeira gramática da tradição ocidental (séc. II a.C.), a de Dionísio de Trácia, dar-nos-á as oito partes do discurso que de seguida se apresentam na própria formulação do autor:

---

[2] Τῶν κατὰ μηδεμίαν συμπλοκὴν λεγομένων ἕκαστον ἤτοι οὐσίαν σημαίνει ἢ ποσὸν ἢ ποιὸν ἢ πρός τι ἢ ποῦ ἢ ποτὲ ἢ κεῖσθαι ἢ ἔχειν ἢ ποιεῖν ἢ πάσχειν.

Τοῦ δὲ λόγου μέρη ἐστὶν ὀκτώ ὄνομα, ῥῆμα, μετοχή, ἄρθρον, ἀντωνυμία, πρόθεσις, ἐπίρρημα, σύνδεσμος: "A frase tem oito partes: o nome, o verbo, o particípio, o artigo, o pronome, a preposição, o advérbio, a conjunção" (cf. Jean Lallot[3]).

Esta tese é frequentemente ilustrada pelo famoso verso de Homero:

XXII,59 πρὸς δ' ἐμὲ τὸν δύστηνον ἔτι φρονέοντ' ἐλέησον
     prep. conj. prep. art. nome   adv. particípio verbo

"Além disso, tem pena de mim, um desgraçado que ainda sente"[4]
(Príamo suplica a Heitor que volte a entrar em Tróia)

O impacto que as "partes do discurso" tiveram nos séculos seguintes e até aos nossos dias é bem conhecido. Não é minha intenção elaborar aqui um tratado de epistemologia e passar a pente fino as teorias e as práticas neste domínio, nem ao longo da história, nem no que toca às correntes contemporâneas de linguística.

Contudo, podemos ter uma certeza. Qualquer que seja a orientação teórica seguida pelos especialistas, de qualquer natureza que seja – filosófica, linguística, filológica, gramatical ou outra -, é quase impossível encontrar um autor, ou até mesmo um simples utente que, tratando-se de questões de língua, não recorra, para se exprimir, a estes velhos termos de "partes do discurso". Foi esse, é esse o sucesso de termos como "nome", "verbo", "adjectivo", "advérbio", etc. Já é menos certo que deles se dê uma definição segura, ou mesmo que se dê uma qualquer definição. Na medida em que, por um lado, a observação comprova que as unidades de uma língua têm tendência a repartir-se por classes diferentes, do ponto de vista das suas possibilidades combinatórias entre si, e que, por outro lado, pelo menos uma parte da terminologia tradicional das "partes do discurso" se impõe universalmente, parece-nos indispensável fazer um esforço para esclarecer o debate neste ponto e, sobretudo, para estabelecer a nossa posição.

---

[3] Jean LALLOT, 1989, *La grammaire de Denys le Thrace*.
[4] *A Ilíada* de Homero, tradução de Frederico Lourenço, Lisboa, Edições Cotovia, 2005 [N. da T.].

O que classificamos?

Um dos primeiros problemas que se põe – um problema fundamental – é o de saber o que classificamos. Tradicionalmente, classificamos "palavras". No excerto do *Sofista* citado supra, por exemplo, Platão propõe como ὀνόματα "nomes" os termos λέων "leão", ἔλαφος "cervo", ἵππος "cavalo", e como "verbos" os termos βαδίζει "anda", τρέχει "corre", καθεύδει "dorme". Todavia, sabemos que uma análise linguística identificará em cada uma destas "palavras" mais do que uma unidade significativa. No exemplo dos nomes, além da unidade que corresponde a cada um dos animais nomeados, há o significante amalgamado do "nominativo" e do "singular". Se escolhêssemos as palavras λέοντος, ἐλάφου, ἵππου, reconheceríamos nelas o "genitivo" e o "singular", e, se escolhêssemos λεόντων, ἐλάφων, ἵππων, o "genitivo" e o "plural", além do sentido lexical dos termos. Quanto às palavras propostas como verbos, constatamos igualmente que são constituídas por mais do que uma unidade: reconhecemos em cada um dos exemplos (βαδίζει "anda", τρέχει "corre", καθεύδει "dorme"), além do sentido lexical dos termos, o significante amalgamado da "terceira pessoa" e do "presente".

Se analisarmos agora os termos equivalentes em português, veremos que a situação é diferente. Em *leão* e *cervo* será difícil reconhecer mais do que a simples designação do animal. Para além disso, o equivalente das "palavras" λέοντος, ἐλάφου, ἵππου, exprimir-se-á em português por duas palavras: *de leão, de cervo, de cavalo*. Uma reflexão sobre o exemplo dos verbos em francês dará resultados em tudo análogos: βαδίζει, τρέχει, καθεύδει exprimir-se-ão em duas "palavras", *il marche, il court, il dort* "ele anda", "ele corre", "ele dorme". Se nos propusermos classificar "palavras", obteremos resultados cuja heterogeneidade é insustentável do ponto de vista da realidade das línguas. Em português, por exemplo, seríamos levados a classificar separadamente a palavra *de* e a palavra *leão*, tal como, em francês, a palavra *il* e a palavra *marche*, "ele" e "anda", ao passo que em grego pertencem todas à mesma classe!

É fácil perceber o que levou os que se ocupam e ocuparam dos problemas das línguas a querer classificar as "palavras" em vez das unidades obtidas por comutação. Com efeito, existem em cada língua unidades significativas mínimas que jamais podem surgir no discurso, mesmo em frases elípticas, sem que estejam acompanhadas de uma ou de várias unidades que, em geral, as determinam. Em grego e em latim, por exemplo, é impossível exprimir um conceito que se refira a uma pessoa, um animal ou uma coisa sem exprimir em simultâneo o conceito do número e sem indicar a relação assumida por esse mesmo elemento. E, mesmo em línguas como o espanhol, o italiano, o português e outras ainda, não podemos exprimir um conceito materializado por um verbo sem o associar simultaneamente a uma pessoa, ao passo que, no caso do francês, tal já parece possível. É impossível dizer, em grego, ἐλαφ- "cervo", καθευδ- "dorme", tal como, em latim, não é possível dizer *domin-* "senhor", *am-* "ama". Nem que seja apenas para as pronunciar, será necessário completar a sua desinência, isto é, acrescentar os determinantes ou os conectores obrigatórios assinalados.

Guiados assim por uma morfologia deste tipo, que obriga a uma **apreensão simultânea**[5] de várias unidades em simultâneo, a maior parte dos especialistas enveredou pela classificação das "palavras".

Partindo da dupla articulação

No âmbito de uma perspectiva de linguística geral, parece-nos necessário adoptar um ponto de vista que permita introduzir processos mais objectivos e que conduza a resultados tipologicamente comparáveis. Importa propor processos de descoberta que sejam aplicáveis às línguas mais diversas. Para tal, é necessário fazer abstracção de todas as peripécias da forma (morfologia) pelas quais as unidades terão podido passar ao longo das diferentes fases de evolução de cada língua, e adoptar como ponto de partida, tanto neste domínio como em todos os que dizem respeito à sintaxe, pelas unidades significativas mínimas (USM). A estas serão assimiladas todas as unidades significativas complexas cujo comportamento sintáctico seja absolutamente equivalente ao de uma unidade simples, isto é, os sintemas e os parassintemas. Esta tomada de posição

---

[5] Para designar este tipo de sintagmas, que correspondem muitas vezes às "palavras", foi criado o termo *silema* a partir da preposição grega σύν "com" e do substantivo λῆμμα derivado do verbo λαμβάνω "tomar", de que resultou σύλλημα / / silema. Ver André MARTINET, 1985, *Syntaxe générale*, §§ 1.4 e 3.60 (pp. 9 e 83-84).

radical conforma-se à teoria da dupla articulação, que constitui, com efeito, o sustentáculo fundamental de todas as análises levadas a cabo.

Será eventualmente necessário explicar a escolha do termo *monema* para designar a unidade significativa mínima ou o signo linguístico mínimo. É verdade que este termo só é utilizado pelos linguistas que seguem os ensinamentos de ANDRÉ MARTINET, e que representam apenas uma minoria no mundo em geral. Podia ter sido escolhido o termo de *morfema*, que tem a vantagem de estar muito mais difundido. Contudo, a definição do monema como "um efeito de sentido que corresponde a uma diferença formal"[6] não coincide de modo algum com o uso habitual de *morfema*. O morfema permanece demasiado ligado à forma e reenvia antes de mais para um segmento do enunciado. Já a definição do monema permite, por um lado, ter em conta os acidentes de percurso do significante tais como os *amálgamas* e a manifestação *descontínua* do mesmo significado, e, por outro, uma vez identificado, permite colocar em primeiro plano o significado, que é o elemento importante. Optarmos pelo termo morfema mediante redefinição comporta o risco de contribuirmos para a ambiguidade. De qualquer das maneiras, em ambos os casos, trata-se de termos técnicos, que apenas fazem sentido no quadro de uma teoria específica. Se recearmos que o termo *monema* possa apresentar algumas dificuldades para um público não especializado, poderemos sempre contentar-nos com a expressão *signo mínimo*, ou ainda, na escrita, com a abreviatura *USM* (unidade significativa mínima).

Os critérios para a descoberta das classes

Veremos de seguida que as especializações apresentadas pelas unidades significativas mínimas, organizadas para formar uma mensagem, resultam da sua capacidade para se relacionarem com esta ou aquela unidade, independentemente da natureza dessa mesma relação. Este facto é assumido por Martinet, que propõe[7] sejam classificados em conjunto,

---

[6] André MARTINET, 1985, *Syntaxe générale*, p. 33.

[7] André MARTINET (dir.), 1979, *Grammaire fonctionnelle du français*, §1.12; ver também todo o capítulo "Les classes de monèmes" in André MARTINET, 1985, *Syntaxe générale*, pp. 105-157.

numa dada língua, os monemas que apresentarem as *mesmas compatibilidades* – eixo sintagmático – na condição de se excluírem mutuamente – eixo paradigmático – num mesmo ponto da cadeia falada. Esta proposta, que também assumimos como nossa, não deixa de levantar alguns problemas quando queremos aplicá-la à análise e à descrição das línguas. É necessário, antes de mais, recordar que o próprio Martinet havia inicialmente adoptado uma posição que integrava as funções como critério de identificação das classes[8]. Numerosos discípulos de Martinet, de entre os quais Denise François-Geiger, permaneceram ligados a essa posição inicial, que vemos ressurgir periodicamente nas publicações de funcionalistas dos mais diversos quadrantes. O autor das presentes linhas permanece convencido de que as funções não devem intervir enquanto critério de identificação para o estabelecimento das classes sintácticas. Devem ser tomadas pelo que são na realidade, isto é, por variedades[9] de algumas compatibilidades, como acontece, em francês e em português, com a compatibilidade nome – verbo.

Esclarecido este ponto, a maneira como Martinet e a sua equipa aplicam os critérios de compatibilidade e de exclusão mútua na *Grammaire fonctionnelle du français*, publicada em 1979, bem como o tratamento destas questões em numerosas teses de doutoramento consagradas à descrição das mais diversas línguas, necessita ainda de algumas explicações[10] teóricas e metodológicas suplementares.

No quadro de uma teoria para o estabelecimento das classes sintácticas de unidades significativas mínimas, defini[11] a *compatibilidade* como a capacidade de dois ou mais monemas ou sintemas de uma dada língua ocorrerem junto um do outro, ligados por uma relação sintáctica. A posição das unidades não é nem um critério *a priori* nem uma obrigatoriedade

---

[8] André MARTINET, 1969, Analyse linguistique et présentation des langues.

[9] André MARTINET no debate de 15 de Maio de 1991, "Autour de la Grammaire Fonctionnelle du Français" *in* Christos CLAIRIS (dir.), 2005, *Travaux de linguistique fonctionnelle*, p. 17, utiliza a designação "variantes de comptabilités" – variantes de compatibilidades. Dado que o termo "variante" conserva uma ligação muito marcada com a morfologia, preferi evitá-lo, seguindo o conselho de Françoise Guerin.

[10] Ver, entre outros, Christos CLAIRIS (dir.), 2005, *Travaux de linguistique fonctionnelle*; Fernand BENTOLILA (coord.), 1988, Autour du verbe, e ainda diferentes volumes de actas dos colóquios da SILF (*Société Internationale de Linguistique Fonctionnelle*).

[11] Christos CLAIRIS, 1984, Classes, groupes, ensembles, p. 5.

formal para definir as compatibilidades. Apenas conta a possibilidade ou a impossibilidade de coexistência numa relação de determinação. Pouco importa se o sinal dessa relação for a posição, um conector, uma variante particular do significado da unidade ou qualquer outra coisa. Isto permite evitar a confusão do termo compatibilidade com os termos de combinabilidade e de combinação muito usados pelos distribucionalistas americanos. Como é óbvio, trata-se de compatibilidades sintácticas, de classes compatíveis com outras classes. As incompatibilidades semânticas, que podem naturalmente surgir entre uma unidade e outra, farão parte do estudo do léxico, sem que isso possa afectar o estudo das classes gramaticais.

Será necessário assinalar desde já que a expressão *relação sintáctica*, nesta definição, não se confunde de forma alguma com o que representa uma *função*. Em boa verdade, *relação sintáctica* é usada como um hiperónimo que abrange, no quadro da subordinação, tanto uma *determinação simples*, como uma determinação correspondente a uma *função*. No caso de uma determinação simples, apenas pode haver um tipo de relação fundamental[12] entre as duas unidades ligadas, em que uma determina a outra. Falaremos aqui em relação de tipo *uni-relacional*[13]. Será, por exemplo, em português e em francês, o caso da relação sustentada pelo artigo em relação ao nome, ou pelo monema de passado em relação ao monema verbal.

Em compensação, quando entre duas classes de unidades houver mais do que um tipo de relação, é necessário explicitar essa relação indicando a função que liga as unidades. O termo função será portanto reservado para designar a natureza da relação entre duas unidades que possam sustentar entre si mais do que um tipo de relação, caso em que pelo menos uma das duas terá de pertencer a uma classe *plurifuncional*, como acontece, por exemplo, em português ou em francês, com o

---

[12] Estipula-se que os cambiantes semânticos, estabelecidos por uma "determinação selectiva" ou "determinação parentética", e por uma aposição, representam sempre a mesma relação fundamental de uma determinação simples e não de uma função. Ver, a respeito destas determinações, ANDRÉ MARTINET, 1985, *Syntaxe générale*, §§ 5.10 e 5.11. [trad. da T.].

[13] Cf. André MARTINET, 1977, Les fonctions grammaticales, p. 13: "função única não equivale a função nenhuma".

nome e o verbo. Não obstante, é necessário acrescentar que a identificação de uma função só fará sentido a partir de um núcleo verbal (predicado).

Relação sintáctica de subordinação	
determinação simples	função
Uma só relação fundamental possível	Mais de uma relação possível a partir de um núcleo central

Além das classes plurifuncionais, distinguiremos classes *uni-relacionais*, cujas unidades sustentam apenas uma relação de determinação simples com uma só classe, como, por exemplo, as modalidades verbais com o verbo, tanto em francês como em português, e classes *pluri-relacionais*, cujas unidades podem sustentar uma relação de determinação simples com mais de uma classe, como, por exemplo, os adjectivos com os verbos conectivos e com os nomes, em francês como em português.

Estes esclarecimentos que acabamos de fazer no que diz respeito à relação sintáctica significam que, ao investigar as compatibilidades, não é necessário identificar a natureza da relação de determinação, quer se trate de uma determinação simples, quer se trate de uma determinação por intermédio de uma função.

Tal como a concebemos, a operação de identificação das classes é um **processo de descoberta** baseado na aplicação de critérios estabelecidos. Acontece que, hoje como ontem, em qualquer lugar que seja, a maior parte dos indivíduos, especialistas ou não, reagem como se os "nomes", os "verbos", os "particípios", os "adjectivos", os "artigos", os "pronomes", as "preposições", os "advérbios", as "conjunções", isto é, as "partes do discurso" estabelecidas pelos gramáticos alexandrinos, fossem realidades universais e pancrónicas, cuja existência bastaria verificar – na melhor das hipóteses, justificar – nesta ou naquela língua. O fascínio e o poder quase sagrados destes termos são de tal ordem que não podemos referir-nos à descrição linguística de uma língua, qualquer que ela seja, sem os utilizar. Seria difícil renunciar a essa utilização, a menos que aceitássemos o risco de não ter interlocutor. Não obstante, todo e qualquer investigador deveria impor-se a si próprio, em bom rigor, definir ou redefinir os termos utilizados, num esforço de objectividade científica, e nomeadamente no quadro de uma dada orientação teórica.

Antes de nos lançarmos neste processo de descoberta, é necessário ter consciência das limitações de uma tal classificação sintáctica, bem como do seu interesse para a descrição gramatical de uma língua. Tudo aponta para que o agrupamento das unidades significativas em classes deva as suas origens às virtualidades semânticas dos seus significados, que as predestinavam para funções específicas dentro de um enunciado. A frequência desses usos, determinada pelas necessidades comunicativas, levou a cristalizações que dão testemunho de um primeiro nível de estruturação sintáctica e de uma economia considerável no funcionamento das línguas. Esta economia, como é óbvio, é inerente ao funcionamento da língua, mas a sua descoberta também permite uma descrição económica do seu funcionamento, já que, uma vez evidenciado o comportamento sintáctico de toda uma classe, não será necessário repetir essas informações para cada unidade/membro da classe em questão.

No entanto, é importante ter em conta que, sejam quais forem os critérios estabelecidos, haverá sempre um número razoável de unidades que resistirão a qualquer classificação. Trata-se de unidades que apresentam um comportamento individual muito particular. Tentar aplicar-lhes critérios de classificação levar-nos-ia a um pulverizar das classes, e é bom não esquecer que a classificação só será verdadeiramente informativa se ultrapassarmos um dado nível quantitativo[14].

Em consequência, se é inegável o interesse da descoberta e do estabelecimento das classes, a questão importante com que todo e qualquer investigador se irá deparar a respeito de uma língua é a de decidir quando e como deve limitar essa classificação, o que significa que o manejo dos dois critérios propostos requer um certo talento linguístico. Voltaremos mais adiante a esta questão.

---

[14] É óbvio que outra seria a situação se se tratasse de construir um programa informático para um tratamento automático de texto, tradução ou outro, caso em que o pulverizar das classes provocado por uma classificação mais fina não apresentaria qualquer inconveniente para a máquina.

Do método

Actualmente, após várias décadas de investigações neste domínio, estamos em condições de formular algumas recomendações metodológicas. Nunca é demais insistir em que todo e qualquer trabalho sobre a primeira articulação de uma língua e, em consequência, sobre a sua análise sintáctica, deve em absoluto começar pela identificação dos seus monemas (USM). Por experiência, sabemos, sem disso fazermos uma exigência universal, que em todas as línguas do mundo se encontram três tipos de USM que será fundamental distinguir antes de qualquer tentativa de classificação:

1) Unidades que podem determinar outras e que podem elas próprias ser determinadas, monemas a um tempo determinantes e determináveis. Trata-se, de uma maneira geral, da categoria mais numerosa. Quer em francês, quer em português, por exemplo, os monemas *table* e *mesa* em

    une belle table   *uma mesa sólida*

são determinados, respectivamente, por *une* e por *belle* no caso do francês, e por *uma* e por *sólida* no caso do português, ao passo que, em

   j'ai acheté une table   *comprei uma mesa*

Tanto *table* como *mesa* determinam o monema verbal, isto é, "acheter" e "comprar".

2) Unidades que podem determinar outras sem que possam ser determinadas, monemas que são apenas determinantes, mas não determináveis, cuja ocorrência num enunciado estará sempre subordinada à **presença de um outro monema** que lhes servirá de suporte. Seguindo Martinet, estipularemos chamar-lhes **modalidades**.

Em francês, por exemplo, o monema do "passado", cujo significante tem a forma /-è/ quando combinado com as pessoas 1, 2, 3 e 3 pl., e a forma /-i-/ com as pessoas 4 e 5, apenas pode ocorrer como determinante de um monema verbal, tal como acontece em português, em que o significante tem as formas /-va/ nos chamados "verbos da 1ª. conjugação" e /-ía-/ nos outros verbos.

As modalidades constituem geralmente inventários fechados e podem ser consideradas como monemas gramaticais da língua pela sua elevada frequência no discurso. Aliás, sabemos, nomeadamente através da teoria da informação, que quanto mais aumentar a frequência de uma unidade, mais diminui a sua carga informativa. Por outras palavras, a informação, isto é, o contributo semântico de uma unidade, é inversamente proporcional à sua frequência. Será por isso bastante difícil fixar com precisão o sentido destas unidades gramaticais, uma vez que estará sempre sob forte dependência do contexto linguístico.

3) Unidades cujo papel consiste em ligar duas outras unidades, seja numa relação de determinação, seja numa relação de coordenação. O uso prototípico destas unidades num enunciado **implica a existência de duas outras** entre as quais estabelecerão essa ligação. Designá-las-emos pelo termo genérico de *conectores*[15]. Sem qualquer obrigatoriedade de pertença a uma só categoria, distinguiremos nos conectores, conforme os casos, entre: a) conectores que ligam um monema determinante a um núcleo não predicado (*le bureau de mon père* em francês, ou *o escritório de advocacia* em português); b) conectores que ligam um monema determinante a um núcleo central (*je vais à l'école*, como *vou a Lisboa*, ou ainda *pater filium amat*); c) conectores de subordinação, que ligam um monema determinante, empregue como núcleo (predicatóide de uma oração subordinada), a um núcleo central (predicado), (*je vois qu'il arrive* ou *vejo que chegou*); d) conectores de coordenação (*un élève intelligent et très sportif*, como um *aluno inteligente e muito atlético*).

Tal como as modalidades, os conectores fazem geralmente parte de um inventário fechado e devem ser considerados como elementos gramaticais cujo sentido está muitas vezes dependente do contexto. É o caso de um monema como o *genitivo* em grego, ou a preposição *de*, tanto em francês como em português.

Léxico e sintaxe

É necessário assinalar um problema particular que surge na altura da identificação dos monemas e que diz respeito às unidades complexas, constituídas por mais do que um monema, cujo comportamento, no que toca ao estabelecimento das classes, equivale ao das unidades significati-

---

[15] Para designar este tipo de unidades, o termo de "conector" é preferível ao de "monema funcional" proposto por Martinet, na medida em que a relação indicada por estes monemas nem sempre corresponde a uma função sintáctica.

vas mínimas: trata-se dos *sintemas*[16] e dos *parassintemas*[17]. Com efeito, para satisfazer necessidades de comunicação constantemente renovadas, qualquer língua dispõe de meios diferentes para enriquecer o seu vocabulário, combinando as suas unidades significativas e criando assim novos termos que fazem parte integrante do seu léxico.

Se concebermos os monemas como os elementos de um conjunto, constatamos que, para enriquecer e renovar *as suas próprias reservas*, os monemas se combinam para formar novas unidades. Os resultados dessas combinações são unidades complexas destinadas a desempenhar no discurso o mesmo papel que as unidades simples e que, apesar de serem complexas, funcionam como um todo. Em casos deste tipo, posicionamo-nos ao nível do **léxico**.

Por outro lado, as unidades do léxico, simples ou complexas, estabelecem relações, segundo um programa específico de cada língua que se manifesta geralmente como uma organização hierarquizada em torno de um *núcleo central (predicado)*. O objectivo desta operação, que pertence à **sintaxe**, é o de poder reconstituir, na linearidade do enunciado, relações que existem entre os elementos da experiência, veiculados aqui pelos elementos do léxico. Neste domínio que é o do eixo sintagmático, por oposição ao eixo paradigmático do léxico, a hierarquia sintáctica pode levar à identificação dos conjuntos das unidades do léxico, que se encontram, num dado discurso, mais estreitamente ligadas entre si do que com as restantes. Chamamos *frase*[18] ao conjunto constituído por um *núcleo central (predicado)* e pelos elementos que dele dependem, *sintagma* ao conjunto constituído por um núcleo, os seus determinantes e, eventualmente, o conector que o liga aos outros elementos do enunciado, ou ainda *silema* ao sintagma cujos determinantes sejam exclusivamente modalidades.

---

[16] Para uma bibliografia completa sobre o sintema, ver Jeanne MARTINET, 1999, Le synthème, bibliografia.

[17] Sobre o parassintema, ver sobretudo Christos CLAIRIS, 1991, Le parasynthème ce méconnu, e André MARTINET, 1985, *Syntaxe générale*, § 3.10.

[18] Pode igualmente definir-se a frase como o raio de acção de um só núcleo central, ou ainda, de uma maneira mais completa, como faz André MARTINET na *Grammaire fonctionnelle du français*, § 1.25, como "o conjunto dos monemas ligados por relações de determinação ou de coordenação a um mesmo predicado ou a vários predicados coordenados." [trad. da T.].

Estabelecida esta distinção entre léxico e sintaxe, recorde-se que o conceito de *sintema* é indispensável para designar qualquer unidade do léxico constituída por dois ou mais monemas, mas cujo comportamento é idêntico ao de um monema único. Consideram-se duas condições *sine qua non* para identificação do sintema[19]:

a) a impossibilidade de determinar individualmente os monemas que constituem um sintema, o que é o mesmo que dizer que toda e qualquer determinação abrange o conjunto dos elementos, e

b) a obrigatoriedade, para todo e qualquer sintema, de se integrar numa classe pré-estabelecida de monemas, o que significa que um sintema apresenta as mesmas compatibilidades de um monema único que pertença à mesma classe sintáctica.

Verifica-se que o léxico das línguas, a par dos monemas e dos sintemas, comporta ainda um terceiro tipo de unidades. Trata-se de unidades complexas que respondem positivamente ao primeiro critério de identificação dos sintemas, isto é, a impossibilidade de determinar de forma individual as partes que os compõem. Deste ponto de vista, as unidades complexas comportam-se como um todo indivisível, tal como os sintemas, e daí a necessidade de as considerarmos no quadro do léxico. Sintacticamente, apresentam compatibilidades muito próprias, que não coincidem com as de nenhuma classe de monemas. Por outras palavras, estes complexos não são integráveis numa classe de monemas, o que significa que não existem monemas simples que apresentem as mesmas compatibilidades.

Esta última observação implica três pontos essenciais:

1) não podemos considerar estas unidades complexas como sintemas porque não obedecem ao segundo critério de identificação dos sin-

---

[19] André MARTINET (dir.), 1979, *Grammaire fonctionnelle du français*, p. 234 e André MARTINET, 1985, *Syntaxe générale*, p. 37: "Chamamos sintema a um signo linguístico que, conforme revelado pela comutação, é o resultado da combinação de vários signos mínimos, mas que se comporta em relação aos outros monemas da cadeia falada como um monema único. Isto implica 1º. Que possui todas as compatibilidades dos monemas de uma dada classe e 2º. Que nenhuma das suas partes constitutivas estabelece relações particulares com um monema que não faça parte do sintema". [trad. da T.].

temas; com efeito, não podem integrar-se em nenhuma classe de monemas simples;

2) os elementos[20] que se acrescentam a um monema para constituir o complexo parassintemático são verdadeiros *afixos* e não modalidades. Neste sentido, a formação de parassintemas faz parte da sintemática no sentido mais amplo do termo.

É necessário esclarecer aqui que, neste quadro teórico, o termo de *afixos* (*prefixos, sufixos, infixos*) fica reservado para os elementos de derivação. Trata-se de monemas *sempre ligados*, isto é, de monemas que só aparecem no quadro dos sintemas e para os quais não estão previstas classes particulares. Em compensação, as modalidades, que justamente não devem ser confundidas – independentemente da sua forma – com os afixos, são elementos *não-ligados* (sintacticamente "livres"), que apenas se encontram dentro dos sintagmas.

3) na medida em que o seu estatuto corresponde ao de uma unidade do léxico e em que têm compatibilidades específicas, é necessário considerar classes sintácticas constituídas unicamente por este tipo de unidades. Por isso, na altura da apresentação do inventário das classes de uma dada língua, teremos, a par das classes de monemas, classes constituídas **unicamente** por *parassintemas*, o nome dado a este tipo de unidade.

Não obstante a maior parte dos funcionalistas optar pela parcimónia em matéria de inovação terminológica, no caso do parassintema é a realidade das próprias línguas que leva à distinção destas unidades, que não podem ser associadas nem aos monemas, nem aos sintemas, e que não podem ser analisadas como sintagmas, dado um dos seus constituintes, pelo menos, ser sempre um monema ligado. Como é óbvio, é possível reconhecer, entre os componentes de um parassintema, monemas que pertencem por outro lado a uma classe bem estabelecida da língua. O facto de, na maior parte dos casos observados, se encontrarem entre as compatibilidades do parassintema algumas idênticas às da classe a que pertence um desses componentes tem levado os gramáticos a apresentar as realidades linguísticas, que hoje reconhecemos como sendo parassin-

---

[20] Trata-se verdadeiramente de elementos de derivação que se acrescentam a uma base (um monema) pertencente a uma classe sintáctica já estabelecida.

temas, como pertencentes à mesma classe gramatical que o seu componente de base.

Foi esse o caso, por exemplo, do particípio do grego antigo, que foi apresentado como fazendo parte da classe verbal. Contudo, trata-se de um caso bem evidente de parassintema, com compatibilidades muito particulares que nenhuma outra classe do grego apresenta, a saber: é compatível com as modalidades de aspecto e de tempo – o que permitiu ligá-lo ao verbo –; por outro lado, é incompatível com as marcas de pessoa e compatível com os conectores casuais.

Recorde-se que uma classe sintáctica se identifica pelo conjunto das suas compatibilidades – e não por uma parte dessas compatibilidades – e que nada impede duas classes, que tenham pelo menos uma compatibilidade diferente e partilhem por outro lado as mesmas compatibilidades, de serem classes distintas. Tal como na fonologia, um traço pertinente é suficiente para diferenciar dois fonemas que apresentem por outro lado traços pertinentes idênticos.

Estabelecido então o conceito de parassintema, é necessário ter em atenção que não se trata de uma etiqueta nova para designar unicamente os "híbridos" tradicionais, tais como o particípio ou o infinitivo das línguas indo-europeias. Com o parassintema, passamos a dispor de uma ferramenta de trabalho, que resulta da necessidade de considerar um certo tipo de unidades do léxico que se podem encontrar em qualquer língua e que não obrigam a qualquer restrição da classe a que pertencem os seus elementos de base.

Antes de terminar este parágrafo, será talvez interessante pôr em relevo que, com o tempo, os locutores deixam de ter consciência da complexidade destas unidades, e concebem-nas como unidades simples. Por outras palavras, os sintemas e os parassintemas têm tendência a tornar-se em monemas. Tal como poucos franceses reconhecem hoje em dia sintemas em termos como *fenaison* ou *nation*, assim também poucos Portugueses serão capazes de reconhecer sintemas em *poliglota* ou em *telefone*. Podemos, por isso, sublinhar uma certa circularidade no processo de enriquecimento de uma língua: os sintemas tornam-se monemas, para formarem, por sua vez, novos sintemas e assim por diante.

Em busca de uma oposição verbo–nominal

Após ter efectuado uma primeira abordagem que permitirá diferenciar os três tipos de monemas[21] indicados supra, convirá, por razões metodológicas, iniciar a investigação sobre as compatibilidades tomando como ponto de partida as modalidades e os conectores. O estudo das modalidades, em particular, levar-nos-á às classes mais importantes da língua, e, antes de mais, permitirá afirmar ou infirmar a presença de uma oposição verbo-nominal.

Estipularemos que a presença de uma classe verbal numa dada língua se manifesta se e só se as unidades significativas mínimas susceptíveis de pertencer a essa mesma classe forem o suporte exclusivo de determinantes gramaticais específicos, desde logo designados por modalidades verbais. Por outras palavras, o teste diagnóstico para se poder constatar que ocorreu a cristalização na classe verbal é a presença de modalidades específicas que terão de estar ligadas a **uma só classe de vocação predicativa exclusiva**. É claro que a simples presença das modalidades que determinam várias classes susceptíveis de emprego como núcleo central (predicado) de um enunciado não é considerada suficiente para se poder concluir que existe uma classe de monemas verbais. Esta estipulação é necessária e fará todo o sentido, entre outras razões, para clarificar a caracterização tipológica das línguas.

A coexistência: restrição e imposição de coexistência

O critério da exclusão mútua exige alguns esclarecimentos no que toca à *coexistência*[22] dos elementos. Em primeiro lugar, as unidades que podem pertencer à mesma classe não podem coexistir no mesmo ponto da cadeia falada. Por outro lado, ter em conta o critério da exclusão mútua significa que, de entre as unidades pertencentes a uma classe, se pode escolher uma[23] nesse mesmo ponto da cadeia. Contudo, é absolu-

---

[21] a) determinantes e determináveis; b) modalidades; c) conectores.

[22] Martinet utiliza o termo de *co-presença* para a mesma noção: ver André MARTINET, *Syntaxe générale*, § 5.7., pp. 110-111.

[23] Exceptuando os casos de coordenação.

tamente necessário ter em conta que, entre duas ou mais de duas classes que partilham as mesmas compatibilidades, mas permanecem distintas graças ao critério da exclusão mútua, pode haver três tipos de comportamento no que toca à sua coexistência no discurso. A título de exemplo, tomemos as classes B e C, compatíveis com a classe A e, por conseguinte, suas determinantes.

Uma primeira possibilidade consiste no facto de as classes B e C poderem determinar a classe A em simultâneo, isto é, sem *qualquer restrição de coexistência*[24].

Uma segunda possibilidade é a de a classe A não poder ser determinada ao mesmo tempo pelas classes B e C. A determinação exercida por uma das classes excluiria a determinação simultânea pela outra. Falaremos neste caso de *restrição de coexistência*[25] entre as classes B e C.

Por fim, manifesta-se um terceiro tipo de comportamento quando o uso de uma unidade da classe A implica, tanto de um ponto de vista sintáctico a presença de uma unidade da classe B e/ou C, como, de um ponto de vista morfológico, a impossibilidade de separação formal dos elementos em questão. Neste e só neste caso, falaremos em *imposição de coexistência*[26].

Assim sendo, em espanhol, encontramos uma imposição de coexistência da classe verbal com a classe da pessoa, visto que, nesta língua, um monema verbal será sempre morfologicamente inseparável de um monema de pessoa. Não é, evidentemente, o caso do francês. Os dois critérios – sintáctico e morfológico – que definem a *imposição de coexistência* permitem distingui-la do fenómeno completamente diferente da *actualização* em sintaxe. A actualização, salvo o facto de não impor qualquer restrição morfológica, também não está ligada a uma classe morfológica. O actualizador de um monema verbal em francês, por exemplo, pode também ser um pronome, um nome, ou ainda um outro elemento.

Exemplos ilustrativos da imposição de coexistência existem, entre outros, nos monemas da classe nominal do latim e do grego. Nestas duas

---

[24] É o caso de duas classes de modalidades verbais do francês segundo a análise de Fernand Bentolila, classes essas que podem determinar em simultâneo ou separadamente o monema verbal: Fernand BENTOLILA (dir.), 1988, *Systèmes verbaux*, pp. 26-27.
[25] Christos CLAIRIS, 1984, Classes, groupes, ensembles, pp. 8-9.
[26] Christos CLAIRIS, 1999, Soulevons le "lièvre"...

línguas, um monema nominal é obrigatoriamente acompanhado por um monema conector casual e pelo monema (modalidade) do número, de tal forma que é impossível ouvir naturalmente da boca de um locutor significantes tais como *anthrop-* ou *domin-*, antes serão ouvidas apenas formas como *anthropos, anthropu,* etc., *dominus, domini,* etc. Não restam, no entanto, dúvidas de que se trata de sintagmas[27] de pleno direito, em que a impossibilidade de separação dos elementos se deve a características morfológicas das línguas em questão, como o comprova a comparação tipológica com outras línguas da mesma família, em que o conector casual se manifesta formalmente desligado da base lexical: *anthropu – d[o] homem.*

Se considerarmos agora os monemas gramaticais – modalidades ou conectores – constatamos que, numa dada língua, pode acontecer que algumas unidades gramaticais jamais consigam determinar uma classe de monemas simples, mas que se aplicarão sempre a um complexo de monemas. Por exemplo, monemas que fazem parte de uma ou de várias classes X, Y... apenas podem determinar os monemas da classe A se estes estiverem previamente determinados pelos monemas de uma classe K. Podemos mesmo acrescentar que pode haver uma outra ou mais outras classes gramaticais Z, W... que apenas poderão determinar essa mesma classe A se esta não estiver previamente determinada por uma classe L[28]. Podemos assim conceber a imposição de coexistência como a característica de certas classes de monemas, que consiste em impor a presença de uma ou mais determinações gramaticais para que possam funcionar no discurso.

Por outro lado, convém esclarecer que o conceito de imposição de coexistência é concebido no quadro da sintaxe e não no da sintemática. As determinações gramaticais implicadas neste tipo de casos funcionam, em sincronia, como modalidades e não como afixos. Os sintagmas daí

---

[27] Ou, se preferirmos, de silemas constituídos por um elemento lexical, uma modalidade e um conector.

[28] Por exemplo, os monemas que fazem parte das modalidades nominais do árabe, representados supra pelas classes X, Y..., só podem determinar o monema / raiz lexical /ktb/ "conceito do escrito" se este estiver previamente determinado por um esquema específico, representado por K na nossa formulação, *kitab* "o livro". As modalidades verbais (Z, W...), por sua vez, só podem determinar este mesmo monema / raiz (A) se estiver determinado por um outro esquema específico (L), *kataba* "escrever".

resultantes não devem ser confundidos com os parassintemas que são, esses sim, elementos derivados. No caso dos parassintemas, trata-se, em geral, de uma base lexical que pode perfeitamente funcionar como elemento independente fora do parassintema, com as suas próprias compatibilidades. Os parassintemas enriquecem o léxico de uma língua e fazem parte da sintemática. Já as unidades que resultam da imposição de coexistência são unidades formadas *ad hoc* pela língua, no seu pleno funcionamento, e o seu estudo pertence à sintagmática.

O conceito de imposição de coexistência poderá eventualmente permitir tratar tanto a presença obrigatória dos conectores casuais e da modalidade do número no caso do nome em grego e em latim, como a presença obrigatória do aspecto em qualquer sintagma verbal do grego, ou ainda esquemas particulares no caso do monema que representa a raiz das línguas semíticas.

Classes, conjuntos, grupos

A aplicação do critério de compatibilidade também exige alguns esclarecimentos. É manifesto que a vocação exclusiva ou ocasional das unidades para serem empregues como núcleo central faz parte das suas compatibilidades e convém mesmo que seja indicada logo à partida na apresentação de uma classe. De seguida, será necessário distinguir criteriosamente entre as compatibilidades em que os monemas são determinantes e as compatibilidades em que são determinados. Para além disso, serão indicadas como *compatibilidades específicas* as que indicarem uma relação particular com uma classe, tal como acontece no caso das modalidades verbais em português.

Tal como sublinhado supra, a investigação sobre as compatibilidades – que não se confunde, evidentemente, com uma procura mecânica de combinações – é uma tarefa delicada que não pode ser levada a cabo se não existir um certo talento. Esta exigência não prejudica de forma alguma a grande vantagem que as compatibilidades oferecem enquanto ferramenta metodológica eficaz para a descoberta das classes, mas põe em relevo o seu difícil manejo. Em função da língua estudada e do objectivo em causa, compete ao investigador saber onde deve parar na identificação das classes. Deverá estar ciente de que, como sempre que trabalhamos sobre uma língua, será necessário aproveitar tudo o que se nos oferecer.

Após a identificação das classes – ou macro-classes[29] – cuja fixação terá sido facultada pela escolha, como ponto de partida, das classes de modalidades e de conectores, será então altamente provável vir a encontrar unidades que apresentam um comportamento muito individualizado – uma consequência lógica da sua carga semântica – e que se mostrarão reticentes no que toca ao seu agrupamento em classes. Convém, nestes casos, não levar até às últimas consequências a análise das classificações[30] e contentarmo-nos com agrupá-las, quando necessário, de acordo com critérios que podem variar e que deverão ser estabelecidos para cada caso.

Este último tipo de agrupamento deve designar-se por *conjunto*, para evitar qualquer eventual confusão com as classes. Acontece, por exemplo, no caso dos advérbios em francês, que, na *Grammaire Fonctionnelle du Français*, foram apresentados explicitamente como não fazendo parte de uma única classe.

Uma obrigatoriedade deste tipo não põe em causa o trabalho de identificação das classes. Muito pelo contrário, confirma o facto de que, em qualquer língua e a todos os níveis de análise, há um centro solidamente estruturado e partes menos estruturadas, o que faz parte da própria natureza das línguas.

Um outro meio de natureza inteiramente diversa para evitar o pulverizar das classes é o recurso à noção de *transferência*[31] que designa o emprego de uma unidade pertencente pelas suas qualidades a uma classe bem identificada, mas que apresenta as compatibilidades de outra classe, o que acontece, por exemplo, com os adjectivos utilizados em lugar dos nomes.

Para além disso, dar-nos-emos conta de que certas classes partilham as mesmas compatibilidades e se diferenciam entre si por um critério de exclusão mútua, ou ainda que têm todas as compatibilidades em comum à excepção de uma, ou ainda que outros motivos podem ser encontrados para as considerarmos como próximas. Na apresentação destes casos, convém aproximar certas classes umas das outras, ou mesmo agrupá-las,

---

[29] Denise FRANÇOIS-GEIGER, 1990, *À la recherche du sens*, Paris, p.146.

[30] O que seria perfeitamente possível se o trabalho fosse feito por meio de um tratamento automático num computador, mas não oferece nenhuma vantagem se se tratar de seres humanos.

[31] Ver André MARTINET (dir.) *Grammaire Fonctionnelle du Français*, p. 30.

à falta de melhor critério. Isto facilitará em muito a sua compreensão, na medida em que, para identificar uma classe, necessitamos de a distinguir da que esteja mais próxima, ou, por outras palavras, da que apresente quase as mesmas latitudes combinatórias e que não se diferencie a não ser num' ou noutro ponto.

Designaremos estes agrupamentos por *grupos*. Um *grupo* será constituído por várias classes próximas, quer no que diz respeito ao critério de compatibilidades, quer no que diz respeito ao critério de exclusão mútua. Na *Grammaire Fonctionnelle du Français* (p. 50), por exemplo, considerou-se aceitável designar por *nominais* a classe dos pronomes, dos nomes e dos nomes próprios, tendo em conta as suas propriedades comuns como determinantes[32].

Não obstante a introdução dos termos *grupo* e *conjunto*, mantém-se válido o conceito de classe gramatical como fundamento de qualquer trabalho neste domínio.

Após as classes terem sido descobertas, surge, por fim, a questão de saber como devem ser nomeadas. São possíveis pelo menos três atitudes. A primeira consiste em adoptar uma solução algébrica, isto é, de as designar por meio de letras (classe A, classe B, e assim por diante), ou de números. Apresenta o inconveniente de ser pouco sugestiva para um utente.

A segunda consiste em utilizar a terminologia tradicional redefinindo os termos. Esta solução esbarra, por um lado, com o facto de as classes estabelecidas pelo processo indicado serem habitualmente mais numerosas do que as "partes do discurso" tradicionais e, por outro, com o facto de os indivíduos permanecerem, apesar de tudo, amarrados a ideias preconcebidas, que apresentam o risco de bloquear a compreensão das realidades próprias de uma dada língua. Contudo, como fizemos notar, é muito difícil evitar por completo o seu uso, dados os hábitos instalados.

A terceira opção consiste em inventar termos novos[33], em função das características das classes em causa, sem evitar por outro lado a utilização também dos termos clássicos, redefinindo-os com todo o rigor possível, opção essa que foi escolhida, por exemplo, neste trabalho, a propósito do *verbo*.

---

[32] Ver André MARTINET, *in* Christos CLAIRIS (dir), 2005, *Travaux de linguistique fonctionnelle*, p. 17.

[33] Cf. Christos CLAIRIS, 1987, *El qawasqar. Lingüística fueguina. Teoría y descripción*.

4.
NO CORAÇÃO DA SINTAXE: FUNÇÕES E NÚCLEO CENTRAL

No quadro de uma linguística funcional e estrutural, é primordial o maior rigor possível na definição técnica do termo *função* em sintaxe, tanto mais que o uso deste termo tem variado muito, não apenas em diferentes autores, mas também entre diferentes publicações do mesmo autor. André Martinet, por exemplo, só em 1977 esclareceu que "função única não equivale a função nenhuma"[1] (literalmente: "fonction unique équivaut à aucune fonction"), o que o levou, em conformidade com esta tomada de posição e muito acertadamente, a deixar de falar, como o fazia antes, em "função predicativa" e a não mais designar o verbo como um monema unifuncional[2].

Definição da sintaxe

Em compensação, a concepção da sintaxe, para os investigadores que defendem a definição de uma língua como um instrumento de comu-

---

[1] Cf. André MARTINET, 1977, Les fonctions grammaticales, p. 13.
[2] Cf. o que é dito em André MARTINET, 1960, *Eléments de Linguistique Générale*, § 4.43 "Há, com efeito, interesse em reservar o termo *verbo* para designar os monemas que não desempenham outra função além da predicativa" (tradução portuguesa de Jorge MORAIS BARBOSA, *Elementos...*, § 4.43) e o que surge na "Nouvelle edition remaniée et mise à jour 1980", dos mesmos *Eléments...*, § 4.4.3 "Há, com efeito, interesse em reservar o termo "verbo" para designar os monemas que não têm outros usos além dos predicativos".

nicação duplamente articulado e de manifestação vocal[3], permanece inalterável. A presença de uma sintaxe em todas as línguas não é formalmente postulada quando se define uma língua, já que decorre do seu carácter vocal, que implica a **linearidade** como fazendo parte da própria essência da língua. Uma vez que o papel da língua é o de assegurar a comunicação entre os seres humanos de uma sociedade, compete à sintaxe a tarefa de conformar uma experiência – que, naturalmente, não é linear – numa cadeia linear. Segundo a definição já clássica de Denise François-Geiger,

> "a sintaxe consiste principalmente em examinar através de que meios as relações existentes entre os elementos da experiência, e que não são relações de sucessividade, podem ser assinalados numa sucessão de unidades linguísticas, de maneira a que o receptor da mensagem consiga reconstruir essa experiência."[4]

Não concebemos a sintaxe como uma combinatória, mas como um programa que permite estabelecer relações entre unidades significativas, por forma a que a mensagem corresponda à experiência que desejamos comunicar[5]. A sintaxe tem por objectivo o estudo das relações que as unidades significativas sustentam entre si no discurso, mas não é a única a marcar essas relações, que se destinam a elaborar o sentido. **O significado das unidades significativas, o contexto linguístico e o contributo da situação também participam na elaboração do sentido**.

A especificidade da sintaxe, por um lado em relação à semântica e à pragmática, por outro em relação à morfologia[6], manifesta-se através de **processos linguísticos** que servem para indicar as relações das unidades entre si. Tanto a posição das unidades – quando for pertinente – como as propriedades das diferentes classes sintácticas, contribuem, ao mesmo nível do emprego de monemas especializados, para indicar o tipo

---

[3] André MARTINET, 1960, *Eléments de Linguistique Générale*, tradução portuguesa de Jorge MORAIS BARBOSA, *Elementos de Linguística Geral*, §§ 1-14.

[4] Denise FRANÇOIS-GEIGER, 1969, Autonomie syntaxique et classement des monèmes, *in* André MARTINET (dir.), *La linguistique. Guide alphabétique*, p. 18.

[5] Cf. também a definição dada por Jean-Michel BUILLES, *Manuel de linguistique descriptive*, Paris, Nathan, p. 70: "O estudo das relações que os monemas sustentam entre si no âmbito das frases constitui o objecto da sintaxe".

[6] Ver, entre outros, Christos CLAIRIS, 1985, De la morphologie.

de relação entre dois monemas. Por outras palavras, a sintaxe funcional, que se afirma como autónoma em relação à morfologia e à semântica, tem como objectivo a identificação dos processos linguísticos que indicam as relações das unidades entre si. Para que haja sintaxe, é necessário que exista a marca de uma **cristalização sintáctica**. É verdade que é o sentido que está na origem de toda e qualquer cristalização sintáctica, mas a sintaxe tem as suas razões, que o sentido desconhece.

Determinação simples

A manifestação da sintaxe começa no momento em que nos surgem duas unidades. Exceptuando o caso da coordenação, dois monemas, na perspectiva da sintaxe[7], estarão sempre ligados por uma relação de determinação, o que implica necessariamente a presença de um determinado, que também podemos designar por núcleo, e a de um determinante. **A determinação[8], com efeito, é a operação fundamental de toda e qualquer sintaxe**. Do ponto de vista semântico, a presença do determinante destina-se a tornar mais preciso o sentido do determinado, ou, dito de outra forma, para lhe fornecer uma especificação[9], uma precisão. Cada determinante, na medida em que especifica o sentido do seu núcleo determinado, delimita-lhe e precisa-lhe esse sentido.

A operação de determinação introduz na sintaxe o conceito de **hierarquia**: o núcleo determinado ocupa uma posição mais importante do que o determinante. Não pode existir

> "determinante sem determinado: o determinante pode ser omitido e é marginal; o determinado não. O elemento que não pode ser omitido é mais central do que o elemento que se pode omitir, o que justifica designá-lo como núcleo quando é sobre ele que recaem as atenções"[10].

---

[7] É necessário também ter em conta a possibilidade de uma ausência total de sintaxe propriamente dita, caso em que consideraremos que as duas unidades se encontram *justapostas*, sem outra ligação entre si que não seja a ligação sugerida pelo seu sentido, o contexto linguístico e o contributo da situação.

[8] Recorde-se que a determinação pode ser simples ou implicar uma função. Ver também, neste mesmo texto, o quadro da p. 56.

[9] Ver Christos CLAIRIS e Georges BABINIOTIS, 2002, Η λειτουργία τής εξειδίκευσης στη γλώσσα (A especificação linguística).

[10] André MARTINET, 1985, *Syntaxe générale*, § 5.9, p. 112. [trad. da T.]

Foi visto no capítulo anterior que, em cada língua, uma repartição dos monemas em classes diferentes representava uma primeira estruturação em matéria de sintaxe.

Também esclarecemos que uma relação sintáctica nem sempre corresponde a uma *função*, mas que, frequentemente, consiste em indicar que um monema da classe A está ligado por uma determinação simples a um monema da classe B.

A marca da determinação pode, em primeiro lugar, resultar das propriedades das classes – previamente estabelecidas – que entram em jogo. Neste caso, a posição dos elementos, seja fixa ou livre, não terá um papel sintáctico, ainda que deva ser tratada no âmbito da morfologia. O exemplo mais simples surge-nos quando uma das duas unidades pertence a uma classe de modalidades, isto é, a uma classe de monemas que são sempre determinantes e nunca determinados, situação em que não haverá nenhuma ambiguidade na identificação do núcleo. O francês, o português e o romeno, por exemplo, dispõem de uma classe de modalidades nominais de que faz parte o artigo definido. Trata-se de uma informação que diz respeito à sintaxe destas três línguas. Mas o facto de, em francês e em português, a unidade em questão dever posicionar-se antes do nome determinado – *le train, o comboio* – ao passo que, em romeno, se deve pospor, *tren-ul*, é um fenómeno morfológico, que, consequentemente, não tem qualquer influência na sintaxe destas línguas.

Uma determinação simples entre dois monemas pode também ser indicada através de um monema conector. Neste caso, o sentido próprio do monema conector intervirá na significação daí resultante sem que A deixe por isso de estar ligado a B por intermédio de uma determinação **simples**. Volto a insistir em que o estabelecimento da determinação por meio de um monema conector não indica necessariamente uma função. Esta insistência é necessária, uma vez que se pode pensar que os elementos ligados por um monema conector – em geral designado como monema funcional – estariam ligados por uma função, o que, justamente, não é o caso. Para que a ligação entre duas unidades possa ser reconhecida como uma função, é necessário que as unidades pertençam a **duas** classes diferentes[11] e compatíveis, susceptíveis de sustentar entre

---

[11] Numa língua em que não se verifique uma oposição verbo-nominal, uma **função** pode ser identificada entre duas unidades da mesma classe, mas sempre na condição de uma delas assumir o emprego predicativo.

si mais do que um tipo de relação, e em que uma assume o emprego do núcleo central (predicado) de uma oração principal ou de uma oração subordinada (predicatóide). Será então necessário recordar que os monemas conectores, quer indiquem uma função, quer indiquem uma relação simples, são monemas como todos os outros monemas e que, neste sentido, possuem um significado que, muito naturalmente, participa na significação global do sintagma? Aliás, o recurso a um monema conector para relacionar dois monemas que pertençam à mesma classe é o processo mais habitual na maior parte das línguas, sem que se trate de forma alguma de uma função. Em exemplos do tipo *le bureau du chef, un cadeau pour mon frère, vue sur mer*, ou, em português, *o escritório do chefe, um presente para o meu irmão, vista sobre o mar*, não poderemos senão reconhecer uma determinação simples de um nome por outro nome, estando a relação em si indicada pelo monema conector, **independentemente** do seu significado próprio enquanto monema.

Por fim, a posição dos elementos pode também contribuir para indicar uma determinação simples de um monema A por um monema B. É conhecido, a este respeito, o caso da *aposição*. Num exemplo como *Jeanne, collaboratrice infatigable et avisée*, tal como no português *Jeanne, colaboradora incansável e sensata*, o termo *collaboratrice / colaboradora* especifica o nome próprio *Jeanne* sem recurso a qualquer outro meio além da posição. A inversão da ordem, que, neste caso, se torna sintacticamente pertinente, implicaria que o determinante se tornasse determinado: em *ma collaboratrice, Jeanne, est infatigable et avisée*, tal como em *a minha colaboradora, Jeanne, é incansável e sensata*, é *Jeanne* que determina *collaboratrice / colaboradora*, ao contrário do exemplo precedente.

Actualização

Pode acontecer que dois monemas ligados numa relação de determinação sejam por si sós suficientes, dentro das condições próprias de uma dada língua, para constituir uma mensagem completa. Em turco, *çocuk ressam* "criança+pintor" traduz-se por "(a) criança é pintor(a)" e *ressam çocuk* por "(o) pintor é (uma) criança"[12]. Em qawasqar[13], uma língua sem oposição verbo-nominal, o monema *qjewas* "fome", determinado pelo monema *tse* "primeira pessoa", forma a mensagem completa *tse qjewas*, "tenho fome", e o monema *altal* "trabalho", determinado pelo monema de negação *qjeloq*, forma a mensagem *altal qjeloq* "não há trabalho". Da mesma forma, também se obtém, no francês *Voici papa* e no português *Eis o homem*, uma mensagem completa através da simples determinação de *papa* ou de *o homem* pelo monema apresentativo *voici*, no primeiro caso, e *eis*, no segundo.

É de salientar, a propósito destes exemplos que representam mensagens completas, que o seu núcleo, na ausência de qualquer outro núcleo, é o sustentáculo de uma estrutura de frase. Consequentemente, é empregue como núcleo central. Quanto ao elemento determinante, serve, de certa forma, para despoletar a língua, ou, por outras palavras, para "actualizar o predicado" É indispensável, enquanto **actualizador**, "para que o ouvinte não tenha quaisquer dúvidas em identificar o que ouve como um enunciado e não como o produto de um movimento reflexo"[14]. A actualização consiste assim "em conferir a um monema o papel de núcleo potencial"[15]. Corresponde a uma relação de implicação recíproca, uma vez que o núcleo necessita do actualizador para funcionar e vice-versa. Esta relação pode representar tanto uma determinação simples como uma relação de tipo funcional, como acontece com o verbo actualizado pela função de sujeito. Como é evidente, se todos os sujeitos são actualizadores, nem todos os actualizadores são sujeitos.

Funções

É óbvio que as necessidades da comunicação não podem ser satisfeitas apenas por mensagens tão reduzidas como estas, pelo que se torna necessário analisar a organização de mensagens mais complexas. Ten-

---

[12] Caso o sintagma *ressam çocuk* faça parte de um enunciado mais extenso, *ressam* pode então funcionar como adjectivo qualificativo "a criança pintora...".

[13] Christos CLAIRIS, 1987, *El qawasqar. Lingüística fueguina. Teoría y descripción*.

[14] André MARTINET, 1985, *Syntaxe générale*, § 5.17 sobre "A actualização".

[15] Colette FEUILLARD, 1985, La syntaxe fonctionnelle, p. 189.

temos agora considerar a situação do ponto de vista da relação, quando estão em jogo três monemas. Referimo-nos, evidentemente, a monemas susceptíveis de utilização como núcleo determinado e como determinante do núcleo, já que o papel das modalidades e dos conectores se encontra esclarecido noutro contexto.

Neste caso, não existem senão duas possibilidades para que os três monemas permaneçam ligados entre si numa relação sintáctica. Ou cada monema determinará outro, mas não o mesmo, ou um dos monemas será determinado pelos outros dois ao mesmo tempo:

A segunda possibilidade (isto é, dois monemas, que não pertencem nem a uma classe de modalidades, nem a uma classe de conectores, determinam em simultâneo outro monema) revela a necessidade de novos meios, que a sintaxe de uma língua deve suprir para a elaboração do sentido de uma mensagem. Estes meios específicos da sintaxe são as **funções**.

Para introduzir a noção de *função*, tomemos como exemplo três monemas cujos significados respectivos correspondam a "tigre", "leão" e "matar". Num caso deste género, indicar que "tigre" e "leão" estão ligados ao monema "matar" por meio de uma determinação simples não seria suficiente para compreender a mensagem. O sentido das unidades também não seria suficiente, dado que, de acordo com a nossa experiência, tanto um leão pode matar um tigre como um tigre pode matar um leão. Será por isso necessário podermos indicar, por meios linguísticos, quem é a vítima e quem é o assassino. Necessitamos de uma indicação linguística que permitirá ao receptor da mensagem reconstituir a experiência tal como se apresenta na realidade exacta que pretendemos comunicar. Designaremos essa indicação linguística, que permite especificar o tipo de determinação entre duas unidades que possam sustentar entre si **mais do que uma só relação**, pelo termo *função*. Na senda de Martinet, estipulamos que uma função é uma unidade linguística tal como os monemas, dotada de um significado e de um significante. Por outro lado, e divergindo de Martinet, esclarecemos que não apenas o significante das funções é diferente do significante dos monemas – o que este autor tem o cuidado de sublinhar[16] – mas também que **a natureza do significado das funções é totalmente diversa da natureza do significado dos monemas**[17]. Os significados dos monemas desenvolvem-se no eixo paradigmático por oposição a outros monemas e, em termos estritamente saussurianos, podem ser designados como *valores*. As funções, por seu turno, indicam relações, isto é, operações que devem relacionar dois monemas. As funções têm apenas como sentido a indicação de um tipo particular de operação. Por outras palavras, nenhuma função terá um sentido próprio que se possa comparar ao dos monemas. A significação que resulta da operação indicada por uma função dependerá sempre do contexto, isto é, do valor dos monemas que entram em jogo, e, eventualmente, do contributo da situação. **Tal como não existem monemas de significado nulo, também não existem funções com significado nulo**.

Estas premissas implicam que, a par do inventário das unidades significativas, devemos prever, para cada língua, um inventário de indicadores de funções, que também pode ser designado como inventário de operadores de relação. O sentido destes operadores só pode ser a indicação de uma operação particular.

A título absolutamente excepcional, para melhor compreender a diferença entre a natureza do sentido de um monema e a natureza do sentido de uma função, pode ter alguma utilidade o paralelismo com a matemática. Poderíamos, nesta perspectiva, comparar os monemas com os números e as funções com indicadores de funções tais como a multiplicação, a adição, etc. Que fique bem claro que monemas e números, por um lado, e indicadores de função, por outro, pertencem a inventários bem distintos. Um operador de função apenas pode ter como sentido o de indicar uma operação entre dois elementos. Por outras palavras, um *x* que liga dois números na matemática assinala apenas "uma operação

---

[16] André MARTINET, 1985, *Syntaxe générale*, p. 172: "[As funções] têm, como [os monemas], um sentido e uma forma que podemos identificar, quer essa forma se apresente como segmentável, amalgamada, ou marcada pela posição relativa das unidades no discurso". [trad. da T.]

[17] Ver Christos CLAIRIS, 1995, Le "sujet" a-t-il un sens? Christos CLAIRIS, 1996, A la recherche du signifié syntaxique e Christos CLAIRIS, 1997, Qu'est-ce qu'une fonction?

que tem por fim obter a partir de dois números *a* e *b* um terceiro número igual à soma de *b* termos iguais a *a* (ex: 12 x 8 = 96).

Como é evidente, cada produto final, isto é, cada sentido obtido pela aplicação da operação indicada dependerá dos números que estiverem em causa. Sublinho aqui que se trata de uma posição análoga à de Denise François-Geiger, que, na sua obra *À la recherche du sens*[18], em jeito de introdução ao capítulo "Sintaxe x Léxico", escreve:

> "O x é fundamental: não se trata de uma adição, de uma soma, mas de um cruzamento que nos devolve um produto bem diferente do multiplicando e do multiplicador."

Neste sentido, quando a marca de uma função for um monema funcional, será necessário distinguir entre o significado do monema propriamente dito e o significado da função que esse mesmo monema assinala. É o que preconiza Denise François-Geiger[19]:

> "Todo e qualquer monema funcional possui um duplo valor significativo:
> a) o valor de relação propriamente dito: o MF "relaciona" e dele se pode dizer que é duplamente orientado na sua linearidade, bífido:
> ex: *Il est venu* ← avec → *sa* → *soeur   Veio* ← com → *a* → *irmã.*
> (tanto *sa* como *a*, modalidades, são centrípetos).
> Por conseguinte, para analisar um MF, é necessário observar o que o precede e o que se lhe segue, à direita e à esquerda, como dizem os fanáticos da escrita. (isto é muito importante para os relativos: ver infra).
> b) o valor intrínseco: esse valor é bem evidente quando comutamos *em, sobre, sob...* – monemas que são todos de relação, mas que possuem uma significação diferente. Estas significações organizam-se muitas vezes em pares, nomeadamente no tempo e no espaço: *à frente / atrás, antes / depois, sobre / sob...*). A utilização que numerosas línguas fazem das partes do corpo para indicar as relações espaciais (ex: "costas" para "atrás" e "cabeça" para "à frente": pares de MF antropomórficos) ilustra claramente o valor axiológico dos MF.

---

[18] Denise FRANÇOIS-GEIGER, 1990.
[19] Denise FRANÇOIS-GEIGER, 1990, *À la recherche du sens*, pp. 122-123.

Nos MF muito frequentes, como *a* ou *de*, a força axiológica tende a esbater-se (a isso aludimos na secção 10), não porque a unidade não possua sentido, porque seja uma "palavra vazia" (expressão muito, muito discutível), mas, antes pelo contrário, porque tem sentido a mais e a polissemia implica o recurso ao contexto para a descodificação:

ex:. *le chapeau de papa* *o chapéu do papá*
il vient de Tours *vem de Tours*, etc.

Na verdade, o valor próprio da unidade – que não deve ser confundido com o valor de relação – está sempre dependente do contexto: seja em *avec le chapeau, avec son amitié, avec son marteau, avec ses camarades,* ou, em português, *com o chapéu, com amizade, com o martelo, com os amigos,* etc., pode sempre dizer-se que existe um só monema *com* indicador de função com vários valores (axiologia) e não considerar um *com* instrumental, comitativo, etc., ou seja, várias funções, solução defendida por Martinet (*G.F.F.*) com o argumento de que as diferentes "funções" *avec / com* podem coexistir no enunciado: ex: *Avec le plus grand sang-froid, il a improvisé un tourniquet avec son foulard / Com o maior sangue-frio, improvisou um garrote com o lenço.* (G.F.F. 4.32.b). Há mesmo casos como *l'escalier de marble et d'honneur,* [lit. *escadaria de mármore e de honra,* a que poderíamos associar, em português, *fato de linho e de cerimónia*]! (Podem ouvir-se na televisão enunciados como "... *dans le sillage de... et dans un instant. La Une!,* [tal como, em português, "... *na sequência do incidente e no local está o repórter da...*])[20]
Se examinarmos as zonas de emprego dos MF, verificamos que possuem afinidades com a zona "circunstancial", periférica nas nossas línguas (mas não universalmente: ex., línguas malaio-melanésias como o malgache ou, melhor dizendo, os malgaches), ao passo que os actantes – que são funções saturáveis, isto é, não recorrentes salvo casos de coordenação: ver infra – apresentam afinidades com a utilização da ordem."

Para distinguir bem o significado da função indicada por um monema conector e o seu próprio significado enquanto monema, é necessário recordarmos que as funções são **relações** na cadeia falada. Por conseguinte, impõe-se delimitar-lhes o sentido, descrever o seu papel, fazendo--as contrastar umas com as outras no eixo sintagmático, ao passo que o

---

[20] Exemplos traduzidos e adaptados à língua portuguesa, em conformidade com a nota 6 do cap. 2 [N. da T.].

valor dos monemas se deduz por comutação no eixo paradigmático. Teremos de admitir que a comutação não é aplicável ao caso das funções. Não se pode opor uma função a outra função.

Assim sendo, mais vale, para permanecermos fiéis à tradição saussuriana, falar em "valor" apenas quando se trata de monemas e utilizar o termo "conteúdo das funções" a respeito destas últimas.

As especificidades feitas supra são necessárias, visto que algumas afirmações de André Martinet deixam transparecer algumas contradições em relação à definição que ele próprio havia dado para uma função, isto é uma unidade dotada de significado e de significante. Com efeito, na sua *Syntaxe générale* e na *Grammaire fonctionnelle du français*, para citar apenas duas grandes obras, é muitas vezes afirmado que o valor da função sujeito é nulo[21] e que o valor da função objecto[22] pode também, em certos casos, considerar-se nula[23]. Martinet acrescenta:

> "É necessário sublinhar aqui uma diferença fundamental entre os monemas e as funções. Não pode existir monema cujo valor significativo seja nulo, uma vez que não existem monemas se não houver uma diferença conjunta da forma e do sentido. Pelo contrário, o valor significativo de uma função pode ser nulo, sem que a função deixe de existir, uma vez que é indispensável distinguir, no enunciado, as diferentes funções ligadas a um mesmo núcleo[24]."

É perfeitamente compreensível o que levou Martinet a postular um valor nulo para a função sujeito. Com efeito, era fundamental uma palavra de caução contra a concepção tradicional, que associava ao sujeito o valor de agente. Como muito bem sabemos – abundam exemplos nesse sentido[25] – os monemas ligados com a função sujeito a um

---

[21] André MARTINET, 1985, *Syntaxe générale*, p. 178 "Em princípio e na prática, a função sujeito não tem qualquer valor próprio."

[22] Note-se que esta *função objecto* aqui referida corresponde ao que a tradição gramatical portuguesa designa *complemento directo*. [N. da T.]

[23] André MARTINET, 1985, *Syntaxe générale*, p. 177 "Por outro lado, teremos um valor nulo na escolha da pósposição, marca nominal da função complemento directo, quando o núcleo for um monema verbal transitivo particular que não possa aparecer sem o seu objecto." [trad. da T.]

[24] André MARTINET, 1985, *Syntaxe générale*, p. 177.

[25] Cf. entre outros os §§ 7.10 e 7.11 da *Syntaxe générale* e o § 4.9 da *Grammaire fonctionnelle du français*.

predicado verbal podem perfeitamente referir-se a um agente, um paciente um beneficiário, ou ainda outra coisa qualquer. Não obstante, aceitar uma função que não possuísse qualquer significado constituiria uma contradição em relação à própria definição do termo função, unidade gramatical distinta dos monemas, portadores de um **sentido** e de uma **forma**.

Quer se trate de uma relação sintáctica que manifeste uma *determinação simples* ou uma *função*, nada ganhamos ao multiplicar a designação da relação a partir da significação produzida graças aos significados das unidades em questão. Que uma determinação simples, por exemplo, de um elemento da classe dos nomes, por um outro elemento da mesma classe por meio do monema conector *de* possa significar a posse (*le chapeau de mon père, o chapéu do meu pai*), a matéria (*chapeau de paille, chapéu de palha*), a finalidade (*chapeau de fête, chapéu de cerimónia*) ou outra coisa ainda não quer dizer em caso algum que se trate de diferentes relações sintácticas.

Em compensação, teria todo o interesse aprofundarmos os **valores-tipo** que um conector tal como o monema *de* dos nossos exemplos poderá assumir, em função dos contextos e, no caso presente, evidenciar a **polissemia** da unidade. Seria, de certa maneira, um estudo análogo ao que consiste em estabelecer os principais *papéis semânticos* assumidos pelas funções.

A escolha de um monema conector, sempre destinado a ligar duas unidades, quaisquer que sejam, da mesma classe dos nomes, por exemplo, também não mudará o tipo de relação sintáctica. O que muda, como já dissemos, é o significado do monema escolhido para estabelecer a relação, permanecendo esta absolutamente idêntica.

Da mesma forma, se considerarmos um monema de uma classe plurifuncional ligado a um núcleo central numa relação de *função sujeito*, qualquer que seja o papel semântico desempenhado por esse elemento, a *função* permanecerá a mesma. Como dependem dos significados dos elementos ligados, mas também do contexto, e, por vezes, do contributo da situação, esses papéis variarão de um enunciado para o outro. Sem dúvida que nada impede num outro plano – o da semântica – tentarmos estabelecer alguns "papéis-tipo"[26], no pressuposto de que a sua quanti-

---

[26] É habitual, na maior parte dos trabalhos, referir os papéis semânticos de: agente, paciente, beneficiário, experienciador, lugar, causa, destinatário, possuidor, estímulo, etc.

dade dependerá directamente do aprofundamento maior ou menor da análise praticada.

Zona central – Zona periférica

Em torno do núcleo central de um enunciado, o estudo das funções assume toda a sua dimensão. Por coerência metodológica, é necessário distinguir uma *zona central*, que estará sob a influência directa do *núcleo central*, e uma *zona periférica*, geralmente facultativa para a construção da mensagem.

Vimos já que o núcleo central, para que possa ser classificado como tal, precisa de pelo menos um segundo elemento que lhe sirva de *actualizador*. Podemos agora esclarecer que, se a relação de actualização for assumida por um elemento de uma classe plurifuncional ligado ao núcleo central de uma classe verbal, então – e apenas neste caso – estaremos perante a *função sujeito*. Por outras palavras, a ligação funcional que une um monema verbal à sua expansão obrigatória plurifuncional será designada como *sujeito*. O facto de o actualizador de um verbo assumir uma função não implica que todos os actualizadores assumam uma função. Se a actualização ocorrer entre unidades pertencentes a classes que não podem sustentar entre si mais do que um tipo de relação, então a ligação sintáctica que as une será uma *determinação simples*.

Das virtualidades semânticas do núcleo central dependerão as outras funções da zona central, pelo que, nessa condição, as designaremos, como Martinet, por *funções específicas*. É comum que as virtualidades semânticas do núcleo verbal, na senda de Tesnière, sejam referidas pelo termo de *valência*. Conforme a sua valência, os verbos não monovalentes exigirão uma ou várias funções específicas. Estas poderão ser designadas pelo termo *função objecto*, ou, no caso dos verbos conectivos, pelo de *atributo*[27]. Designaremos a relação sintáctica (função ou determinação simples) que permite atribuir uma qualidade a um elemento por meio de um verbo – ou de um outro elemento que assuma a conexão – pelo termo *atributo*. A função de *atributo* apresenta a particularidade de ser

---

[27] Ver nota 22. Também o termo *atributo* designa aqui as funções de *predicativo do sujeito* ou de *predicativo do complemento directo* da tradição gramatical portuguesa. [N. da T.].

específica de um certo número de verbos designados pela expressão *verbos conectivos*, mas também a de se manifestar com verbos *núcleo-conectivos*[28], que tanto fazem parte da sintaxe nuclear como da sintaxe conectiva, e ainda com verbos não conectivos, que permitem o seu estabelecimento recorrendo ou não a um monema funcional. Uma vez que pertence à zona central do enunciado, a função de atributo não se confunde com a função objecto. Resumindo, constata-se, com efeito, que a função objecto é uma função específica que depende da valência de um verbo transitivo, ao passo que a função atributo é uma função específica dependente da valência de um verbo conectivo, semi-conectivo ou nucleo--conectivo.

Note-se que não existe consenso entre os diferentes autores no que toca à designação das funções específicas dependentes de um verbo com três valências ou dos verbos que exigem um elemento indicador de um espaço. Alguns autores falarão nas funções de "objecto directo" e de "objecto indirecto", outros preferirão referir-se a uma "função de dativo", ou ainda, num exemplo como *je vais à l'école / vou à escola* a uma "função de locativo" ou "função indirecta" e assim por diante. O que importa é que sejam reconhecidas como sendo *funções específicas*, integradas na zona central da mensagem.

Na *zona periférica*, o locutor tem a possibilidade de acrescentar especificações à mensagem, que não são directamente exigidas pela valência do núcleo central. Identificaremos na zona periférica a *função circunstancial* que, ao contrário das funções da zona central, é uma função repetitiva. Com efeito, as funções da zona central, salvo casos de coordenação, só podem exprimir-se uma vez. Em compensação, o utente da língua, alternando a escolha dos monemas conectores, pode repetir a função circunstancial tantas vezes quantas o desejar.

---

[28] Sintacticamente, estes verbos caracterizam-se por uma dupla construção em relação ao atributo. Com efeito, na estrutura semi-passiva (diatese passiva), são empregues da mesma forma que os verbos conectivos. Contudo, na activa (diatese activa), comportam-se como transitivos, podendo receber um atributo do objecto. Para mais pormenores sobre este tipo de verbos, bem como sobre a *sintaxe conectiva* em geral, ver: Christos CLAIRIS e Georges BABINIOTIS, 1999, Τυπολογία τής συνδετικής σύνταξης (*Typologie de la syntaxe connective*), e Christos CLAIRIS, Christine CHAMOREAU, Denis COSTAOUEC, Françoise GUERIN (dir.), 2005, *Syntaxe connective*, Presses Universitaires de Rennes.

Estrutura da mensagem com NC verbal

ZONA CENTRAL Núcleo central (NC)		Participantes		ZONA PERIFÉRICA (ZP) especificações facultativas função iterativa
		ZONA CENTRAL (NC) raio de influência do verbo funções não iterativas		
sintaxe nuclear (SiNu)	sintaxe conectiva (SiCo)	actualização	funções específicas	
		f. sujeito	f. objecto 1 (CD), f. objecto 2 (CI), f. atributo, outras f.	f. circunstancial

Núcleo central

Tal como já foi indicado, a principal manifestação das unidades significativas em sintaxe é a determinação. Uma língua não pode, no entanto, contentar-se com este nível de hierarquização. Entre os diferentes núcleos de uma frase instauram-se relações de dependência e essas relações são possíveis porque um dos núcleos tem um estatuto mais importante que os outros. Os outros núcleos estão-lhe subordinados, ao passo que ele não depende de nenhum outro, pelo que não é susceptível de redução. A este núcleo central (predicado), ao sustentáculo da estrutura da frase, chamarei, na linha de Martinet[29], **núcleo relacional de um enunciado autónomo, monema, sintema ou parassintema central ao qual que se encontram ligadas, directa ou indirectamente, todas as expansões obrigatórias ou facultativas**. O núcleo central é o núcleo relacional para o qual convergem todas as cadeias de determinação de um enunciado, o núcleo em torno do qual se ligam todos os outro elementos. Poderíamos também designá-lo, parafraseando Tesnière[30], como núcleo

---

[29] Faço notar que Martinet prefere utilizar, mediante redefinição, o termo de "predicado" ou de "núcleo predicativo". Para evitar qualquer confusão com este termo, historicamente demasiado marcado, no presente trabalho, na medida do possível, utilizo o termo "núcleo central" esclarecendo a sua definição.

[30] Lucien TESNIÈRE, 1959, *Éléments de syntaxe structurale*, Paris, p. 15: "O núcleo formado pelo elemento regente que comanda todos os elementos subordinados da frase é o **nó dos nós** ou **nó central**. Situa-se no centro da frase, cuja unidade estrutural assegura, ligando os diferentes elementos num só feixe. Identifica-se com a frase". [trad. da T.].

dos núcleos. Já a **frase** será concebida como **o raio de acção de um só núcleo central**. É importante sublinhar que o núcleo central do enunciado não é necessariamente a unidade com maior peso informativo, mas que é o centro de todas as relações sintácticas que constituem o enunciado.

O núcleo central, conforme as línguas, pertencerá a esta ou àquela classe sintáctica, conforme exprima a existência, a presença[31], ou identifique ou qualifique uma entidade[32], ou ainda se refira a um processo que exija um ou mais participantes.

Quando as línguas possuem uma oposição verbo-nominal, o verbo especializa-se então num emprego predicativo. Recordemos que a identificação de uma classe verbal, como consequência de uma oposição verbo-nominal, deve ser comprovada pela existência de uma classe de modalidades específicas de uma só classe sintáctica, de vocação predicativa exclusiva, isto é, que ocupa necessariamente o lugar de núcleo principal da frase.

Sintaxe nuclear – Sintaxe conectiva[33]

Na hierarquia existente entre os elementos de um enunciado podem ser observadas estruturas muito diversas, não apenas entre línguas diferentes, mas também no seio de uma dada língua. Foi esta constatação que permitiu distinguir entre dois pólos sintácticos, e esclarecemos desde já que a hierarquia entre os elementos significativos – isto é, essencialmente as relações entre um núcleo e os seus satélites – se realiza principalmente, ou maioritariamente, em dois tipos de construções.

A hierarquia entre os elementos significativos – essencialmente, repita-se, as relações entre um núcleo e os seus satélites – origina dois tipos de predicação, dois tipos de nuclearização. No primeiro caso, trata-se de uma conexão paritária entre dois elementos de base ("tu" – "**sensato**"), no segundo caso, o núcleo, pelo seu sentido, exige uma ou mais

---

[31] André MARTINET, 1985, *Syntaxe générale*, § 8.7, p. 197.
[32] *Ibidem*, § 8.8, p. 198.
[33] Ver Christos CLAIRIS e Georges BABINIOTIS, 1999, Τυπολογία τῆς συνδετικῆς σύνταξης (*Typologie de la syntaxe connective*), e Christos CLAIRIS, Christine CHAMO-

do que uma expansão ("tu" – "**andar**", "tu" – "**partir**" – "vidro"). Designá-los-ei, respectivamente, por **sintaxe conectiva** e **sintaxe nuclear**.

Na sintaxe nuclear, o núcleo central põe em cena um monema verbal de sentido pleno que se refere a um processo mais ou menos dinâmico, que, por sua vez, para se concretizar, necessita de protagonistas mais ou menos influentes, mais ou menos voluntários e mais ou menos animados. Os papéis semânticos dos participantes são muito variados e dependem do valor das unidades significativas ligadas por relações, do contexto linguístico e do contributo da situação.

A **sintaxe nuclear** define-se, nas línguas dotadas de oposição verbo-nominal, como um tipo de construção em que "o verbo-núcleo **distribui** as funções sintácticas (sujeito, objecto, etc.) entre as unidades que gravitam à sua volta como satélites"[34]. O papel de núcleo central **apenas** pode ser assegurado pelo verbo[35]. As expansões do núcleo verbal são participantes no processo e o número de participantes requeridos depende do sentido do verbo (é a sua valência).

A **sintaxe conectiva** concretiza-se pela conexão semântica de **dois monemas não verbais** que constituem um enunciado completo. A conexão pode ser directa ou indirecta e realiza-se neste último caso por meio de um monema não verbal ou de um verbo.

Em certas línguas do mundo, a sintaxe conectiva diz exclusivamente respeito à sintaxe não verbal, ao passo que, noutras, estará a meio caminho entre a sintaxe não verbal e a sintaxe verbal; noutras ainda, a sintaxe conectiva pertencerá apenas ao campo da sintaxe verbal.

A sintaxe conectiva desenvolve-se essencialmente para responder às exigências comunicacionais para a atribuição de uma qualidade a uma dada entidade, para a classificação de uma entidade num dado conjunto, ou para identificação dessa entidade em relação a outras entidades semelhantes, e, neste caso, representa uma estrutura de equivalência ou de

---

REAU, Denis COSTAOUEC, Françoise GUERIN (dir.), 2005, *Syntaxe connective*, Presses Universitaires de Rennes

[34] Christos CLAIRIS e Georges BABINIOTIS, 1999, *Grammaire du grec moderne. Structurale, fonctionnelle et communicationnelle, II. Le verbe – L'organisation du message* (publicado em grego), Atenas, Ellinika Grammata, p. 49.

[35] *Ibidem*.

solidariedade semântica. Contudo, em certas línguas, também intervém na localização, apresentação ou comprovação da existência de uma entidade.

Para exprimir a atribuição de uma qualidade, algumas línguas privilegiam o emprego de alguns verbos especializados no estabelecimento da conexão e, por este motivo, a valência inclui a função de atributo. Os verbos que exigem a função de atributo enquanto função específica serão designados por verbos conectivos. Uma das características dos verbos conectivos em relação aos outros verbos é a sua compatibilidade com os adjectivos, nas línguas em que essa classe existir.

Uma hipótese de glossogénese

Por outro lado, se nos colocarmos numa perspectiva de glossogénese, e se admitirmos que existe uma ligação entre as necessidades de comunicação dos seres humanos em sociedade e os meios de que as línguas dispõem para satisfazerem essas necessidades, é provável que, antes do aparecimento de uma tecnologia complexa, não se fizesse sentir a necessidade de distinguir entre os diferentes tipos de participantes numa acção. Nesse estádio, podemos considerar não ter havido necessidade de designar especificamente o agente de uma acção, nem de dispor de uma classe especializada no emprego predicativo. Teria sido possível exprimirmo-nos combinando significados tais como "comer batatas" e "comer eu" sem que houvesse orientação dos participantes em relação a um núcleo central (predicado). Foi a partir do momento em que necessidades sociais mais complexas e, sobretudo, uma tecnologia mais evoluída, exigiram a identificação explícita do agente da acção, que a presença de uma classe verbal que orientasse os participantes se tornou necessária. Com efeito, como sublinha André Martinet [36].

> "... as construções verbais permitem distinguir melhor os participantes da acção do que as construções nominais correspondentes: *il craint l'ennemi / ele teme o inimigo* não se confunde com *l'ennemi le craint / o inimigo teme-o*, por contraste com a ambiguidade de *la crainte de l'ennemi / o temor do inimigo*".

---

[36] André MARTINET, 1974, *Le français sans fard*, p. 41.

No âmbito desta perspectiva de glossogénese, e se quisermos realçar um dos traços fundamentais da ergatividade, que é a possibilidade de dispensarmos o agente[37], parece-me que se pode considerar uma relação entre uma oposição verbo-nominal ausente ou fraca e as construções ergativas. Tal daria azo a supormos que as estruturas predominantes, nas línguas em que a oposição verbo-nominal não fosse atestada, seriam estruturas ergativas. Não invalida, sem dúvida, como acontece de facto, a existência de línguas de construção ergativa que sejam línguas com uma indiscutível oposição verbo-nominal. Contudo, parece-nos que, numa dinâmica de glossogénese, a evolução para uma estanquicidade das classes sintácticas, que acompanha o aparecimento de uma oposição verbo-nominal bem estabelecida, deveria fazer tender as línguas para uma transição para as estruturas acusativas. De momento, a evolução do indo-europeu[38] parece confirmar esta hipótese.

---

[37] Cf. a definição de André MARTINET, 1985, *Syntaxe générale*, Paris, pp. 200-201: "O que caracteriza especificamente as línguas ditas de **construção ergativa** é o facto de o paciente, ou – melhor ainda, talvez –, o não-agente, assumir a mesma forma que o participante único dos verbos ditos intransitivos, ao passo que, nas línguas ditas de **construção acusativa** ou objectiva, as grandes línguas ocidentais, nomeadamente, nas frases com dois participantes, é o agente que tem a mesma forma do participante único". [trad. da T.]

[38] Cf. André MARTINET, 1986, *Des steppes aux océans. L'indo-européen et les indo-européens.* pp. 205-229.

5.
O PROCESSO DE DESAPARECIMENTO DAS LÍNGUAS *

A mera observação das línguas através dos séculos leva-nos a constatar que, entre aquelas cuja existência foi registada de uma ou de outra forma, algumas há que deixaram de ser faladas. Desapareceram. Hoje em dia, por exemplo, ninguém fala o **hitita**, que se falava antigamente na Ásia Menor, tal como mais ninguém fala o **haush** ou o **manekenk**, cujos últimos falantes ainda subsistiam há pouco mais de um século, na Grande Ilha da Terra do Fogo.

Tradicionalmente, falamos em "**línguas mortas**" quando nos referimos às línguas clássicas, o **grego**[1] e o **latim**. Como é óbvio, o fenómeno não se limita apenas a estas duas. Desapareceram línguas em todos os continentes e em todas as épocas. Outras há que continuam a desaparecer à nossa vista. Ninguém duvida de que - a título de exemplo ilustrativo desta última afirmação – o **yaghan**[2], falado hoje por duas ou três pessoas na localidade de Uquiqa, em Puerto Williams, na ilha Navarino, no sul do Chile, terá desaparecido por completo daqui a poucos anos.

O facto de existirem línguas que desapareceram e outras que estão em vias de desaparecimento constitui pois o ponto de partida para a nossa

---

* Artigo Publicado em 1991, ver *Bibliografia*.
[1] Uma vez que a língua grega nunca deixou de ser falada, a sua designação como "língua morta" é inadequada.
[2] Ana Maria GUERRA, 1989, *Fonologia del yagan*.

reflexão. Entre as múltiplas questões que podem colocar-se a este respeito, contentar-me-ei com três:

A) **Como** pode uma língua desaparecer? Esta pergunta pretende examinar as diferentes possibilidades de desaparecimento e os factores que o podem ter influenciado. Por outras palavras, trata-se de descobrir se haverá lugar para considerarmos uma **tipologia dos processos de desaparecimento das línguas**.
B) Quais são os **factores externos** que condicionam o desaparecimento das línguas? Quais são os factos **sociológicos** que orientam este fenómeno em estudo?
C) Existem **factores internos** às línguas, factos estruturais, que acompanham o processo de desaparecimento? E, se existem, como se manifestam e como se articulam com os factores externos supra mencionados?

Alguns investigadores, entre os quais a mais notável é Nancy Dorian[3], dedicaram-se, no decurso das últimas décadas, ao problema da morte das línguas. Tentarei agora expor o meu ponto de vista sobre a questão.

A. Como desaparecem as línguas? Tipologia

O fenómeno do desaparecimento encontra-se ligado de forma muito estreita ao fenómeno de contacto das línguas, o que significa contacto entre comunidades linguísticas que são, por natureza, realidades sociais. Da especificidade, cultural, social, histórica, económica, demográfica, política e outras ainda, das comunidades e das suas relações recíprocas, que podem variar no tempo, dependerá o destino das línguas em causa. Tendo assim em conta esta diversidade, e sem pretendermos ser exaustivos, poderemos distinguir entre diferentes tipos de contacto:

---

[3] Nancy C. DORIAN, 1981, *Language Death. The life cycle of a scottish gaelic dialect*; Nancy C. DORIAN (dir.), 1989 *Investigating obsolescence. Studies in language contraction and death*.

1) entre as variedades regionais de uma mesma língua, por exemplo, entre o **grego** das grandes cidades e os seus **dialectos locais**. Estes últimos estão em vias de desaparecimento;
2) entre uma língua de grande difusão, e que dispõe de escrita, e uma língua de tradição oral que, por outro lado, pode ter muitos ou poucos falantes; podemos dar como exemplo o **espanhol** e o **quechua** no primeiro caso e o **espanhol** e o **pilagá** (Gran Chaco, Argentina) no segundo.
3) entre línguas de tradição oral; por exemplo, entre o **tehuelche**[4] (Patagónia oriental) e o **mapuche**[5] ou **araucano** (sul do Chile); seria necessário mencionar o fenómeno histórico conhecido pelo nome de **araucanização**[6], que teve a sua origem numa migração em massa do povo Araucano, o qual, no séc. XVII, atravessou a Cordilheira dos Andes para se instalar nos territórios dos índios Tehuelches. Este fenómeno teve como resultado a perda do tehuelche para muitos dos que o falavam e cujos descendentes, hoje ainda, falam o mapuche;
4) entre línguas de grande difusão; as relações do **francês** com o **inglês** no Québec constituem um bom exemplo;
5) entre línguas da mesma família ou línguas pertencentes a famílias diferentes; no primeiro caso, podemos citar o **espanhol** e o **catalão** ou o **livoniano** (Letónia) e o letão, como exemplo do contacto de línguas de famílias diferentes, podemos citar o **grego** e o **turco**[7] (Trácia ocidental e Istambul), o **espanhol** e o **basco**[8];

---

[4] Ana FERNANDEZ GARAY, 1998, *El tehuelche, una lengua en vías de extinctión*, Valdivia; Christos CLAIRIS, 1999, El tehuelche y la dinámica lingüística.
[5] Adalberto SALAS, 1992, *El mapuche o araucano. Fonologia, gramática y antologia de cuentos*.
[6] No original, "araucanisation" [N. da T.]. Rita CEBALLOS, 1972, Les habitants de la Patagonie continentale argentine.
[7] Eleni SELLA-MAZI, 1999, *La minorité musulmane turcophone de Grèce: approche sociolinguistique d'une communauté bilingue*.
[8] Jean-Baptiste COYOS, 1999, *Le parler basque souletin des Arbailles. Une approche de l'ergativité*.

6) entre línguas que são línguas nacionais de um estado ou línguas oficiais de uma região, como o **francês** e o **catalão**, e línguas sem estatuto oficial, como o **bretão**[9] e o **guahibo** (Colômbia);
7) entre línguas que dispõem de um território e outras que não estão ligadas a um território específico, como a língua **romi**, falada pelo povo cigano, e o **judeu-espanhol**, por exemplo;
8) entre línguas que, sendo muito embora minoritárias no quadro de uma dada comunidade geopolítica, são, por outro lado, línguas nacionais de países independentes. É o caso das línguas de comunidades migrantes, como o **norueguês** nos Estados Unidos, o **italiano** na Argentina, etc., e também o caso de certas minorias históricas: o **húngaro** falado na Roménia ou na pequena aldeia de Oberwacht na Áustria, o **arménio** falado em Istambul, etc.;
9) entre línguas de grande difusão e **crioulos** que daí advieram: crioulos franceses (Haiti, Martinica, Guadalupe), ingleses (Jamaica), portugueses (Angola), etc.

Como é evidente, estes diferentes casos de contacto não despoletam necessariamente um processo de desaparecimento. Contudo, se o processo for despoletado, então tudo me parece indicar que condicionam de forma diferente a evolução desse mesmo processo. Seria por isso necessário, para elaborar uma tipologia e estudar a dinâmica do fenómeno, ter em consideração este tipo de situações.

Retomemos agora a questão de **como** se desenrola o desaparecimento. A resposta mais simples consiste em dizer que uma língua desaparece quando os seus falantes desaparecem. No que respeita a esse desaparecimento dos falantes, vejo apenas duas possibilidades:

a) quando deixam de existir fisicamente, isto é, quando se suprime a sua existência física; isto corresponde ao genocídio de vários povos da América. Podemos também falar em casos deste género de **assassínio** das línguas. Como exemplo histórico entre outros,

---

[9] Denis COSTAOUEC, 2002, *Quel avenir pour le breton populaire? Enquête à la Forêt-Fouesnant*.

podemos recordar os eventos conhecidos, como a "matanza" em Salvador, que causou em 1932 a morte de 25.000 Índios e o desaparecimento das línguas **lenca** e **cacaopera**.
b) quando os próprios locutores deixam de falar uma língua. Isto pode ocorrer de diversas maneiras. Em primeiro lugar, é necessário considerarmos a evolução natural de uma língua que, com o tempo, como diria André Martinet, "muda porque funciona", uma vez que se encontra sujeita à dinâmica de factores internos e externos que actuam sobre ela. O exemplo mais conhecido é-nos dado pelo **latim**, cuja evolução deu lugar ao nascimento das **línguas românicas** e, de certa maneira, à sua absorção por estas últimas.

É necessário mencionar em seguida o caso em que uma língua, sujeita a pressões diversas, cede o seu lugar a outra. Normalmente, isto acontece de forma gradual, na sequência de uma mudança de comportamento dos falantes. Por um lado, estes começam a limitar o uso da sua língua de origem a certas situações de comunicação, por outro, impedem ou não favorecem a transmissão da sua língua às gerações jovens. É evidente que esta atitude da parte dos falantes está longe de representar uma livre decisão da sua parte. É, pelo contrário, imposta por obrigações sócio-culturais, económicas, políticas, demográficas e outras. Os exemplos deste género abundam em todos os continentes. A maioria das línguas faladas por minorias na Europa entra nesta categoria. É assim que o **bretão** está a ceder o seu lugar ao francês em França, o **gaélico** ao inglês na Grã-Bretanha, o **livoniano**, uma língua fino-úgrica falada por uma centena de pessoas na Letónia, corre riscos iminentes de desaparecimento, para benefício do letão, etc.

B. Os factores externos

A maior parte dos investigadores que se dedicaram até hoje ao estudo da questão têm dado uma importância particular ao estudo dos factores externos ou "sócio-linguísticos", pelo que não me alargarei muito neste ponto.

Parece-me que podemos considerar o estudo destes factores de acordo com dois pontos de vista:

a) do ponto de vista do papel que desempenham na determinação das condições de domínio de uma língua sobre outra. Trata-se de factores tais como os económicos, demográficos (incluindo a taxa de nascimentos), culturais, educacionais, de planificação linguística, políticos, etc.

b) do ponto de vista da possibilidade de estabelecimento de um diagnóstico de perda de vitalidade **de uma dada língua**. Neste sentido, podemos enumerar, entre outros casos:

1) a restrição dos domínios e das situações de uso de uma língua. Os trabalhos de Yolanda Hyperdinger[10] sobre o **alemão do Volga**, falado a sul de Buenos Aires, ilustram bem este caso;
2) a transmissão apenas parcial de uma língua às gerações mais jovens;

Nestas circunstâncias, na comunidade linguística, estamos perante pelo menos dois tipos de locutores, conforme a terminologia de Nancy Dorian, a saber: **locutores fluentes** que se consideram como estando na plena posse da sua língua e **semilocutores** que em princípio praticam a língua com desvios avaliados como erros por parte dos locutores fluentes. Uma distinção mais apurada neste sentido é estabelecida por Lyle Campbell e Martha Muntzel[11], que estabelecem:

- locutores **S** "fortes", *strong* ou "quase plenamente competentes";
- locutores **I** "imperfeitos", *imperfect*, que usam a sua língua de maneira fluente; correspondem aos semilocutores de Nancy Dorian;
- locutores **W** "fracos semilocutores", *weak semi-speakers*, dotados de uma competência ainda mais restrita na sua língua;

---

[10] Yolanda HYPERDINGER, 1993, *El comportamiento lingüístico de los alemanes del Volga asentados en el sudoeste de la Provincia de Buenos Aires*.

[11] Lyle CAMPBELL e Martha C. MUNTZEL, 1989, The structural consequences of language death.

- e locutores **R** "que se recordam", *rememberers*, que têm fracas reminiscências da sua língua, que se lembram apenas de algumas palavras ou frases.

C. Os factores internos

Tentaremos, neste domínio, detectar a eventual presença de características estruturais que possam constituir indícios endolinguísticos ligados à dinâmica específica do processo de desaparecimento. Até que ponto poderá existir uma correspondência entre os factos sociais e os factos propriamente linguísticos? Em princípio, para todos quantos concebem a língua como instituição social que deve responder às necessidades comunicativas dos membros de uma sociedade, uma tal hipótese parece legítima. Não obstante, dado que os factos sociais, bem como os linguísticos propriamente ditos, são muito complexos, consequência da intervenção de inúmeros factores nem sempre mensuráveis, a verificação da hipótese exige um mínimo de prudência e de precauções.

André Martinet, numa conferência de 1973[12], afirmava:

"... Quando se vive numa comunidade muito limitada, torna-se menos necessário assinalar as relações entre os elementos da experiência, porque tais relações são, em geral, conhecidas por todos. Pelo contrário, quando a comunidade se expande, a complexidade das relações humanas aumenta, e essa complexidade das relações humanas tem como efeito tornar mais variada e mais indispensável a expressão das relações sintácticas. Existe portanto um paralelismo que se estabelece entre a evolução da complexidade das relações na sociedade e a evolução da complexidade das relações em sintaxe."

As investigações sobre o desaparecimento das línguas tendem a confirmar esta afirmação de Martinet, que sublinhava a interconexão do social e do linguístico. Pela minha parte, a tarefa que me proponho levar a cabo é a da procura de uma **sintomatologia** dos fenómenos estruturais que estarão eventualmente ligados ao processo de desaparecimento das línguas. Outros estudiosos mencionaram já a este respeito fenómenos

---

[12] André MARTINET, 1974, *Sintaxis Funcional*.

como a *desintegração das línguas*, a *perda das regras gramaticais*, o significado da *ordem* na qual ocorre essa *perda das regras*, etc. Partindo dos meus próprios estudos sobre as línguas da Terra do Fogo, os dos autores citados na bibliografia e ainda os de investigadores como Martine Delahaye, Ana Fernandez Garay, Ana Maria Guerra e José Pedro Viegas, que trabalharam sob a minha supervisão, tentarei listar os fenómenos observados numa maioria de casos de desaparecimento recenseados, que poderemos provisoriamente considerar como sintomas ligados ao fenómeno. Antes de os enumerar, parece-me necessário esclarecer alguns pontos:

1) as observações devem ser feitas em todos os níveis linguísticos, isto é, fonologia, sintaxe, morfologia, semântica e léxico;
2) o que é significativo, para que um dado fenómeno possa ser considerado como sintoma ligado ao processo, não é tanto a sua mera presença, como a sua frequência quantitativamente superior à atestada nas línguas que conservam toda a sua vitalidade. Por exemplo, encontram-se em todas as línguas flutuações de fonemas, mas, nos casos de desaparecimento, o número de flutuações torna-se estatisticamente mais importante do que é habitual, razão pela qual as incluiremos nos sintomas investigados;
3) como é óbvio, nem todos os sintomas enumerados têm de estar presentes em todos os casos;
4) caso a dinâmica social seja alterada, é evidente que também a dinâmica linguística mudará de orientação. As mudanças sócio--políticas que ocorreram nos últimos anos em Espanha tiveram óbvias influências sobre o funcionamento das línguas regionais como o catalão ou o basco, por exemplo. No entanto, a passagem de uma dinâmica de desaparecimento para uma dinâmica de estabilização não conduzirá automaticamente à recuperação das antigas estruturas afectadas pelo processo de desaparecimento, mas antes ao aparecimento de novos fenómenos estruturais característicos deste novo estado de coisas;
5) será sem dúvida difícil distinguir, em certos casos, se um fenómeno particular se deve a um simples contacto de línguas ou se é a manifestação de um processo de desaparecimento da língua.

Esclarecidos estes pontos, seguem-se alguns fenómenos que aparentam estar ligados a um processo de desaparecimento:
1) A presença de um elevado número de **flutuações de fonemas**[13]. Esta hipótese apresentada por Wolfgang Dressler[14] é confirmada pelas nossas investigações sobre o qawasqar[15] e outras línguas ameríndias. Com efeito, no qawasqar, não apenas todos os fonemas estão sujeitos a flutuações, como também são raros os exemplos em que as oposições fonológicas funcionam em pleno.
2) A **redução do sistema fonológico**. Consideremos, por exemplo, a tendência para o desaparecimento da série das glotalizadas em qawasqar e em tehuelche.
3) A **simplificação morfológica**. A simplificação conduz a uma regularização analógica de um paradigma gramatical complexo. É o caso, por exemplo, do plural em bretão, em que, de entre as diferentes possibilidades de pluralização, apenas parece subsistir o processo por "sufixação", a saber a adição de um –s.
4) O desenvolvimento de uma **sintaxe facultativa**. Neste caso, algumas relações sintácticas podem ou não ser explicitadas na mensagem. Isto significa que a língua, mesmo dispondo de meios para indicar certas relações, apenas os usa facultativamente, confiando a indicação dessas relações, se necessário, ao contexto e ao contributo da situação. Em qawasqar, por exemplo, encontramos um *grupo* de "especificadores" cujo papel consiste em indicar o predicado. No entanto, a sua presença não é obrigatória. Podemos encontrar, por exemplo, tanto:

    ce   cefalajqhar   qjexena   jenaq
    pess.1 vinho   gostar   espec.exist.
como: *ce   cefalajqhar   qjxena*   para indicar "Gosto de vinho".

---

[13] Christos CLAIRIS, 1991, Identification et typologie des fluctuations.
[14] Wolfgang DRESSLER, 1972, *On the phonology of language death*, e Wolfgang DRESSLER, 1981, *Language shift and language death. A protean challenge for the linguist*.
[15] Christos CLAIRIS, 1987, *El qawasqar. Lingüística fueguina. Teoría y descripción*, pp. 403 – 423.

5) A **perda de riqueza estilística**, isto é, a tendência para o que se poderia chamar um "**monoestilo**".
6) A **diminuição das marcas de funções sintácticas**. As marcas de funções sintácticas tendem a tornar-se raras e podemos encontrar uma sintaxe em que justamente a indicação das relações entre as unidades cabe ao contributo da situação. O qawasqar apresenta um caso extremo neste sentido. Assim, nos exemplos seguintes,

530   *tares*   *teltelqhar*   *qaqa*
        caderno   joelhos   ter

(lit.) "Tens o caderno nos joelhos", *tens o caderno no colo*

581   *afcar*   *qjawel*   *at*
        lenha   espec. neg.   casa

"Não há lenha em casa"

7) A **polissemia** assinalada por Sala[16] a propósito do judeu-espanhol da Roménia.
8) Um número considerável de **interferências** de outras línguas.
9) A **perda de hábitos sociolinguísticos e pragmáticos** no uso da língua, isto é, a perda da aptidão para utilizar formas linguísticas apropriadas e para assumir o comportamento apropriado a uma dada situação de comunicação[17].

A lista das observações feitas acaba por ora aqui. Como é evidente, pode ser aumentada, aprofundada e corrigida por novas investigações. No estado actual de desenvolvimento da linguística, parece-nos que levar a cabo o estudo da dinâmica das línguas, incluindo o da dinâmica do seu desaparecimento, é uma verdadeira imposição.

---

[16] Marius SALA, 1970, *Estudios sobre el judeoespañol de Bucarest*.
[17] Ver as observações feitas a propósito do Arvanitika por Lukas TSITSIPIS, 1989, *Skewed performance and full performance in language obsolescence: The case of an Albanian variety*, e Lukas D. TSITSIPIS, 1991, *Terminal-fluent speaker interaction and the contextualization of deviant speech*.

INDICAÇÕES BIBLIOGRÁFICAS

REFERÊNCIAS DAS REVISTAS E COLECÇÕES CITADAS

Bulletin de la Société de linguistique de Paris, Klincksieck
Bulletin des études africaines de l'Inalco, Paris, INALCO (Institut National des Langues et Civilisation Orientales)
Dilbilim, Istambul, Edebiyat Fakültesi Basimevi
Fijian language studies: Borrowing and pidginization, Fiji, Fiji Museum, Suva
Folia Linguistica, The Hague, Mouton
International Journal of American Linguistics, The University of Chicago Press
Journal of Pragmatics, North-Holland, Elsevier Science Publishers
La Bretagne Linguistique, Brest, GRLEB
La langue française, Paris, Larousse
La Linguistique, Paris, Presses Universitaires de France
Objets et Mondes, Paris, Musée de l'Homme
Papers from the 8th Regional Meeting, Chicago, Chicago Linguistic Society
Studies in Peruvian Indian Languages, University of Oklahoma, Summer Institute of Linguistics
Travaux du SELF, Paris, Université René Descartes, Sorbonne
Travaux du Séminaire de Linguistique Fonctionnelle, Paris, Sorbonne

BCILL, Bibliothèque des Cahiers de l'Institut de Linguistique de Louvain
CILL, Cahiers de l'Institut de Linguistique de Louvain
SELAF: B, Bibliothèque; NS, Numéros Spéciaux; TO, Tradition Orale

AKAMATSU Tsutomu – 1988, *The theory of neutralization and the archiphoneme in functional phonology*, Amsterdam, John Benjamin, 533 p.
ALARCOS LLORACH Emilio – 1994, *Gramática de la lengua española*, Madrid, Espasa Calpe, 406 p.

ALLIÈRES Jacques – 1954, Un exemple de polymorphisme phonétique: le polymorphisme de l'-s implosif en gascon garonnais, *Via Domitia*, I, Annales de la Faculté des Lettres de Toulouse III (4): 70-107.

– 1962, Aspects géographiques et diachroniques de la phonétique: le polymorphisme, *Actes du IVe Congrès de Sciences Phonétiques de Helsinki*, pp. 524--532.

– 1985, Statut et limites du plymorphisme morphologique. Le verbe dans la grammaire cantabrique basque de Pierre d'Urte (1972), *in* José L. MELENA (ed.), *Symbolae Ludovico Mitxelena Septuagenario Oblatae*, Victoriaco Vasconum, pp. 899-919.

ARNAULD Antoine e Claude LANCELOT – 1969 (1ª. edição 1660), *Grammaire générale et raisonnée*, Paris, Republications Paulet, 157 p.

BASSET Louis e Marcel PÉRENNEC (dir.) – *s.d., Les classes de mots. Traditions et perspectives*, Lyon, Presses Universitaires de Lyon, 365 p.

BÉLIYANNI Hélène – 1996, L'évolution de l'infinitif en grec. Un cas d'économie linguistique, *La Linguistique* 32 (1): 133-142.

BENTOLILA Fernand – 1981, *Grammaire fonctionnelle d'un parler berbère*, Paris, SELAF (TO 46), 448 p.

– 1990, Esquisse du système verbal français, *Dilbilim* IX: 43-49.

BENTOLILA Fernand (coord.) – 1988, Autour du verbe, *La Linguistique* 24 (1): 3-141.

BENTOLILA Fernand (dir.) – 1998, *Systèmes verbaux*, Louvain-La-Neuve, Peeters (BCILL 98), 448 p.

BENVENISTE Émile – 1966 e 1974, *Problèmes de Linguistique Générale*, 2 vols., Paris, Gallimard, 356 p. e 288 p.

– 1969, *Le vocabulaire des institutions indo-européennes*, Paris, Minuit, 340 p.

BLOOMFIELD Leonard – 1970 (ed. do original inglês de 1933), *Le langage* (trad. de Janick GAZIO), Paris, Payot, 525 p.

BOUQUIAUX Luc – 2004, *Linguistique et ethnolinguistique*, Paris, Peeters – SELAF (NS 29), 466 p.

BOUQUIAUX, Luc e Jacqueline M.C. THOMAS (ed.) – 1976, (1ª. edição 1971), *Enquête et description des langues à tradition orale*, 3 vols., Paris, SELAF (NS 1), 950 p.

BRÉAL Michel – 1924 (1.ª edição 1987), *Essai de sémantique. Science des significations*, Paris, Hachette, 372 p.

BUILLES Jean-Michel – 1986, L'alternance libre de phonèmes en malgache, *Bulletin des études africaines de l'Inalco* VII (11): 43-51.

– 1998, *Manuel de linguistique descriptive*, Paris, Nathan, 414 p.

BUREAU Conrad – 1976, *Linguistique fonctionnelle et stylistique objective*, Paris, P.U.F., 264 p.

BUREAU Conrad (relator) – 1981, Une linguistique fonctionnelle est-elle possible? *Proceedings: 7th International Colloquium of Functional Linguistics, 1-6 September 1980*, St. Andrews, pp. 31-59.

CALVET Louis-Jean – 1974, *Linguistique et colonialisme: petit traité de glottophagie*, Paris, Payot.

– 1987, *La guerre des langues et les politiques linguistiques*, Paris, Payot, 294 p.

CAMPBELL Lyle e Martha C. MUNTZEL – 1989, The structural consequences of language death, *in* DORIAN (dir.), *Investigating obsolescence*, pp. 181-196.

CEBALLOS Rita – 1972, Les habitants de Patagonie continentale argentine, *Objets et Mondes* 12 (2): 117-126.

CHAMOREAU Claudine – 1996, A propos des langues menacées de disparition: bibliographie critique, *Travaux du SELF* 5: 75-97.

– 2000, *Grammaire du purépecha, parlé sur des îles du lac de Patzcuaro*, München, Lincom Europa, 336p.

CHOMSKY Noam e Morris HALLE – 1968, *The sound pattern of English*, New York, Harper & Row, 470 p.

CLAIRIS Christos – 1977, Première approche du qawasqar, *La linguistique* 13 (1): 145-152.

– 1981, La fluctuation des phonèmes, *Dilbilim* VI: 99-110.

– 1984, Classes, groupes, ensembles, *La linguistique* 20 (1): 3-10.

– 1985, De la morphologie, *La linguistique* 21 (1): 177-184.

– 1987, *El qawasqar. Lingüística fueguina. Teoría y descripción*, Valdivia, Estudios Filológicos, 530 p.

– 1988, Dynamique de la disparition, *Actes du XVIe Colloque Internacional de Linguistique Fonctionnelle, Elseneur 1987*, Louvain-la-Neuve, Peeters (CILL 14.1-2), pp. 99-101.

– 1991, Identification et typologie des fluctuations, *Bulletin de la Société de Linguistique de Paris* LXXXVI (1): 19-35.

– 1991, Le parasynthème ce méconnu, *La linguistique* 28 (1): 95-99.

– 1991, Le processus de disparition des langues, *La linguistique* 27 (2): 3-13.

– 1995, La réforme linguistique en Turquie, *La Bretagne Linguistique* 10: 153-157.

– 1995, Le "sujet" a-t-il un sens?, *Actes du XIXe Colloque International de Linguistique Fonctionnelle, Coimbra, 21-26 mai 1993*, Coimbra, Faculdade de Letras da Universidade de Coimbra, pp. 145-148.

– 1996, À la recherche du signifié syntaxique, *Hommage à Denise François--Geiger (1934-1993)*, Louvain-la-Neuve, Peeters (CILL 22.1-2), pp. 23-28.

– 1996, Les langues menacées: Observatoire de dynamique linguistique, *Actes du XXIe Colloque International de Linguistique Fonctionnelle*, Iasi-Roménia, Université Al. L. Cuza, pp. 159-163.

– 1997, Qu'est-ce qu'une fonction? *Omagiu lui Grigoire Cincilei*, Universitatea de Stat din Moldova, Chisinau, Moldávia, pp. 54-61; reproduzido em *Travaux du Séminaire de Linguistique Fonctionnelle* 6: 11-20.

– 1999, El tehuelche y la dinámica lingüística, Bahía Branca, Argentina, Departamento de Humanidades, Universidad Nacional del Sur, *Cuadernos del Sur, Letras* 27: 93-98.

– 1997, Soulevons le "lièvre"..., *Actes du XXIIIe Colloque International de Linguistique Fonctionnelle, 1999 Lugano*, Paris, Université René Descartes, pp. 131-134.

CLAIRIS Christos (dir.) – 2005, *Travaux de Linguistique fonctionnelle*, Paris, l'Harmattan, 347 p.

CLAIRIS Christos e Georges BABINIOTIS – 1999, Τυπολογία τής συνδετικής σύνταξης (Typologie de la syntaxe connective), *Proceedings of the 4th International Conference on Greek Linguistics*, Nicósia – Chipre, pp. 180-185.

– 2002, Η λειτουργία τής εξειδίκευσης στη γλώσσα (A especificação linguística), in Christos CLAIRIS (ed.) *Recherches en Linguistique Grecque*, vol. I, Paris, L'Harmattan, pp. 83-86.

– 2005, *Γραμματική τής Νέας Ελληνικής. Δομολειτουργική-Επικοινωνιακή (Grammaire du grec moderne. Structurale, fonctionnelle et communicationnelle)*, Atenas, Ellinika Grammata, 1162 p. (publicada também em volumes separados a partir de 1996).

CLAIRIS Christos, Claudine CHAMOREAU, Denis COSTAOUEC, Françoise GUERIN – 2005, *Typologie de la syntaxe connective*, Presses Universitaires de Rennes, 234 p.

COHEN David – 1973, Variantes, variétés dialectales et contacts linguistiques en domaine arabe, *Bulletin de la Société de Linguistique de Paris* 68 (1): 215-248.

– 1989, *L'aspect verbal*, Paris, P.U.F., 272 p.

COMRIE Bernard – 1976, *Aspect*, Cambridge University Press, 142 p.

– 1981, *Language Universals and Linguistic Typology*, Oxford, Basil Blackwell, 252 p.

COSERIU Eugenio – 1962, *Teoría del lenguaje y lingüística general*, Madrid, Gredos, 327 p.

COSTAOUEC Denis – 1998, Sociolinguistique et étude des changements linguistiques en synchronie, *La Bretagne Linguistique* 11: 115-119.

– 2002, *Quel avenir pour le breton populaire? Enquête à la Forêt-Fouesnant*, Brest, Brud Nevez, 151 p.

COSTAOUEC Denis e Françoise GUÉRIN – 2007, *Syntaxe fonctionnelle – Théorie et exercices*, Rennes, Presses Universitaires de Rennes, 320 p.

COYOS Jean-Baptiste – 1999, *Le parler basque souletin des Arbailles. Une approche de l'ergativité*, Paris, L'Harmattan, 432 p.

CROFT William – 1990, *Typology and universals*, Cambridge University Press, 311 p.

DEBATY-LUCA Thierry – 1986, *Théorie fonctionnelle de la suffixation*, Paris, Les Belles Lettres, 345 p.

DIK Simon C. – 1978, *Functional Grammar*, Dordrecht, Foris, 230 p.

– 1980, *Studies in functional grammar*, London, Academic Press, 245 p.

DIXON Robert M. W. – 1994, *Ergativity*, Cambridge University Press, 271 p.

– 1997, *The rise and fall of languages*, Cambridge University Press, 169 p.

DORIAN Nancy C. – 1982, *Language death. The life cycle of a Scottish gaelic dialect*, Philadelphia, University of Pennsylvania Press, 206 p.

DORIAN Nancy C. (dir.) – 1989, *Investigating obsolescence. Studies in language contraction and death*, Cambridge University Press, 446 p.

DRESSLER Wolfgang – 1972, On the phonology of language death, *Papers from the 8th Regional Meeting*, pp. 448-457.

– 1981, Language shift and language death. A protean change for the linguist, *Folia Linguistica* XV (1-2): 5-28.

DUCOS Gisèle – 1983, Plurilinguisme et descriptions des langues, *La Linguistique* 19 (2): 55-70.

DUCROT Oswald – 1984, *Le dire et le dit*, Paris, Minuit, 239 p.

DUCROT Oswald e Tzvetan TODOROV – 1972, *Dictionnaire encyclopédique des sciences du langage*, Paris, Seuil, 470 p.

DUCROT Oswald e Jean-Marie SCHAEFFER – 1995, *Nouveau dictionnaire encyclopédique des sciences du langage*, Paris, Seuil, 670 p.

FERNANDEZ GARAY Ana – 1998, *El tehuelche, una lengua en vías de extinción*, Valdivia, Estudios Filológicos, 481 p.

FEUILLARD Colette – 1985, La syntaxe fonctionnelle, *La Linguistique* 21: 185-206.

– 1996, L'économie syntaxique: cumul et mise en facteur commun, *La Linguistique* 32 (1): 91-102.

– 2005, La mise en relief et ses procédés, *in* CLAIRIS (dir.), *Travaux de linguistique fonctionnelle*, Paris, pp. 193 – 203.

FEUILET Jack – 1988, *Introduction à l'analyse morphosyntaxique*, Paris, P.U.F., 223 p.

FRANÇOIS Denise – 1969, Autonomie syntaxique et classement des monèmes, *in* André MARTINET (dir.) *La Linguistique. Guide Alphabétique*, Paris, Editions Denöel, pp. 18-24.

– 1974, *Français parlé*, Paris, SELAF (NS 2), 279 p.

– 1975, Les auxiliaires de prédication, *La Linguistique* 11 (1): 31-40.

FRANÇOIS-GEIGER Denise – 1990, *À la recherche du sens. Des ressources linguistiques aux fonctionnements langagiers*, Paris, Peeters-SELAF (NS22), 279 p.

FRANÇOIS Frédéric – 1968, La description linguistique, *in* André MARTINET (dir.), *Le Langage. Encyclopédie de la Pléiade*, Paris, Gallimard, pp. 171-282.

– 1970, De l'autonomie fonctionnelle, *La Linguistique* 6 (1): 5-21.

FREI Henri – 1929, *La grammaire des fautes* (reedição 1971), Genève, Slatkine Reprints.

GAULMYN M.-M DE e S. REMI-GUIRAUD (dir.) – 1991, *À la recherche de l'attribut*, Lyon, Presses Universitaires de Lyon, 319 p.

GIACALONE RAMAT Anna – 1983, Language shift and language death, a review of Nancy C. Dorian, *Language death* and Susan GAL, Language Shift, *Folia Linguistica* XVII (1-4): 495-508.

GREENBERG Joseph – 1963, Some universals of grammar with particular reference to the order of meaningful elements, *in* J. GREENBERG (ed.), *Universals of language*, M.I.T. Press, pp. 58-90.

GREIMAS A. J. – 1966, *Sémantique structurale*, Paris, Larousse, 262 p.

GUERIN Françoise – 2001, *Description de l'angouche: parler du centre nord du Caucase*, München, Lincom Europa, 421 p.

GUERRA Ana Maria – 1989, *Fonología del yagan* (tese para o grau de Magíster), Valparaíso, Universidad de la Playa Ancha de Ciencias de la Educación, 217 p.

GUMPERZ John – 1989 (edição do original inglês, 1982, *Discourse strategies*), *Sociolinguistique interactionnelle. Une approche interprétative* (trad. URA 1041 do CNRS), Paris, L'Harmattan, 243 p.

GUTIÉRREZ ORDOÑEZ Salvador – 1986, *Variaciones sobre la atribución*, León, Universidad de León, 278 p.

– 1989, *Introducción a la semántica funcional*, Madrid, Síntesis, 168 p.

– 1997, *Principios de sintaxis funcional*, Madrid, Arco Libros, 598 p.

HAGÈGE Claude – 1970, *La langue mbum de Nganha (Cameroum), Phonologie – Grammaire, I-II*, Paris, SELAF (B 18-19), 366 p.

– 1975, *Le problème linguistique des prépositions et la solution chinoise (avec un essai de typologie à travers plusieurs groupes de langues)*, Leuven, Peeters, 429 p.

– 1976, *La grammaire générative. Réflexions critiques*, Paris, P.U.F., 244 p.

– 1978, Du thème au thème en passant par le sujet. Pour une théorie cyclique, *La Linguistique* 14 (2): 3-38.

– 1982, *La structure des langues*, Paris, P.U.F., 126 p.

– 2000, *Halte à la mort des langues*, Paris, Odile Jacob, 402 p.

HAGÈGE Claude e André G. HAUDRICOURT – 1978, *La phonologie panchronique*, Paris, P.U.F., 224 p.

HALLIDAY M.A.K. – 1985, *An Introduction to functional grammar*, London, Edward Arnold, 387 p.

HARRIS, Zellig S. – 1951, *Structural Linguistics*, Chicago & London, The University of Chicago Press, 387 p.

HAUDRICOURT André G – 1972, Problèmes de phonologie diachronique, Paris, SELAF (TO 1), 392 p.

HJELSMLEV Louis – 1969, (edição do original em dinamarquês 1963), *le Langage* (trad. de Michel OLSEN), Paris, Minuit, 203 p.

– 1971, (edição do original em dinamarquês 1943), *Prolégomènes à une théorie du langage* (trad. de Una CANGER), Paris, Minuit, 233 p.

– 1971, *Essais linguistiques*, Paris, Minuit, 283 p.

HOCKETT Charles F. – 1958, *A course in modern linguistics*, New York, The Macmillan Company, 621 p.

HOMERO – 2005, *A Ilíada* (trad. de Fernando Lourenço), Lisboa, Edições Cotovia.

HOUDEBINE Anne-Marie – 1978, *La variété et la dynamique d'un français régional* (tese de "Doctorat d'Etat"), Paris, Université René Descartes.

– 1979, L'opposition d'aperture /e/ ~ /ɛ/ en français contemporain, *La Linguistique* 15 (1): 111-125.

– 1983, Sur les traces de l'imaginaire linguistique, in Verena AEBISHER e Claire FOREL (ed.), *Parlers masculins, Parlers féminins?*, Paris, Delachaux et Niestlé, pp. 105-139.

– 1985, Pour une linguistique synchronique dynamique, *La Linguistique* 21: 7-36.

HOUDEBINE-GRAVAUD Anne-Marie (dir.) – 2002, *L'imaginaire linguistique*, Paris, L'Harmattan, 153 p.

HYMES Dell H. – 1984, *Vers la compétence de communication* (trad. do inglês por France MUGLER), Paris, Hatier-CREDIF, 219 p.

HYPERDINGER Yolanda – 1993, *El comportamiento lingüístico de los alemanes del Volga asentados en el sudoeste de la Provincia de Buenos Aires* (tese de doutoramento), Bahía Blanca, Universidad Nacional del Sur.

JAKOBSON Roman – 1963, *Essais de linguistique générale* (trad. do inglês por Nicolas RUWET), Paris, Minuit, 260 p.

– 1973, *Essais de linguistique générale. 2. Rapports internes et externes du langage*, Paris, Minuit, 319 p.

JESPERSEN Otto – 1971 (edição do original inglês 1924), *La philosophie de la grammaire* (trad. de Anne-Marie LÉONARD), Paris, Minuit, 515 p.

KAVOUKOPOULOS Fotis – 1988, *Les expansions casuelles et prépositionnelles du prédicat. Essai de syntaxe homérique* (tese de doutoramento), Paris, Université René Descartes, 4 vols., 1156 p.

KEENAN Edward L. – 1976, Towards a universal definition of "subject", *in* Charles N. LI (ed.), *Subject and Topic*, New York, Academic Press, pp. 303-333.

KEY Mary Ritchie – 1968, Comparative Tacanan Philology, *The Hague – Paris, Mouton*, 107 p.

– 1968, Phonemic pattern and phoneme fluctuation in bolivian chama (tacanan), *La Linguistique* 2: 35-48.

– 1975, *Male / female language, with a comprehensive bibliography*, Metuchen, N.J., The Scarecrow Press, 200 p.

– 1975, *Paralanguage and kinesics (Nonverbal communication)*, Metuchen, N.J., The Scarecrow Press, 246 p.

– 1976, La fluctuación de fonemas en la teoría fonológica, Universidad Católica de Valparaíso, *Signos* 9 (1): 137-143.

– 1977, *Nonverbal communication: A research guide and bibliography*, Metuchen, N.J., The Scarecrow Press, 439 p.

– 1978, Araucanian genetic relationships, *International Journal of American Linguistics* 44 (4): 280-293.

– 1979, Phoneme fluctuation and minimal pairs in language change, in Mortéza MAHMOUDIAN (ed.), *Linguistique fonctionnelle: débats et perspectives*, Paris, P.U.F., pp. 305-310.

LABOV William – 1976 (edição do original inglês 1972, *Sociolinguistic patterns*), *Sociolinguistique* (trad. de Alain KIHM), Paris, Minuit, 459 p.

LALLOT Jean – 1989, *La grammaire de Denis le Thrace*, Paris, CNRS Éditions, 281 p.

– 1997, *Apollonius Dyscole. De la construction* (texte et traduction avec notes), 2 vols., Paris, Vrin, 992 p.

LAMB Sydney M. – 1966, *Outline of stratificational grammar*, Washington, D.C., Georgetown University Press, 109 p.

LAUNEY Michel – 1994, *Une grammaire omniprédicative. Essai sur la morphosyntaxe du nahuatl classique*, Paris, CNRS Éditions, 302 p.

LAZARD Gilbert – 1994, *L'actance*, Paris, P.U.F., 285 p.

LEFEBVRE Anne – 1984, *Lille parle: du nombre et de la variété des registres langagiers; étude sociolinguistique du parler de la région lilloise* (tese de "Doctorat d'État"), Paris, Université René Descartes, 671 p.

LEHMANN Christian – 1995, *Thoughts on grammaticalization*, München, Lincom, 192 p.

LEMARÉCHAL Alain – 1989, *Les parties du discours. Sémantique et syntaxe*. Paris, P.U.F., 272 p.

– 1997, *Zéro(s)*, Paris, P.U.F., 254 p.

LÉON, Pierre – 1971, *Essais de phonostylistique*, Montréal – Paris – Bruxelles, Didier, 185 p.

LYONS John – 1971, *Introduction to theoretical linguistics*, Cambridge University Press, 519 p.

MAHMOUDIAN Mortéza – 1970, *Les modalités nominales du français. Essai de syntaxe fonctionnelle*, Paris, P.U.F., 280 p.

MAHMOUDIAN Mortéza (dir.) – 1976, *Pour enseigner le fançais*, Paris, P.U.F., 428 p.

MAHMOUDIAN Mortéza (ed.) – 1979, *Linguistique fonctionnelle. Débats et perspectives*, Paris, P.U.F., 312 p.

MALMBERG Bertil – 1966, *Les nouvelles tendances de la linguistique*, Paris, P.U.F., 343 p.

MANESSY Gabriel – 1995, *Créoles, pidgins, variétés véhiculaires. Procès et genèse*, Paris, CNRS Éditions, 277 p.

MAROUZEAU Jules – 1969 (1.ª edição 1933, 3.ª edição revista e aumentada 1951), *Lexique de la terminologie linguistique*, Paris, Paul Geunthner, 267 p.

MARTIN Pierre – 1988, Fluctuations et flottements vocaliques en franco-canadien, *Actes du XIVe Colloque International de Linguistique Fonctionnelle, Elseneur*, Louvain-la-Neuve, Peeters (CILL 14. 1-2), pp. 223-228.

– 1989, Fluctuations, flottements et oscillations, en franco-canadien, *Dilbilim* VIII: 87-100.

- 1996, *Éléments de phonétique avec application au français*, Québec, Les Presses de l'Université Laval, 253 p.

- 1997, *Manuel de phonologie fonctionnelle*, Québec, Centre International de la Recherche en Aménagement Linguistique, 254 p.

MARTINET André – 1939, La description linguistique avec application au parler franco-provençal d'Hauteville (Savoie), *Revue de linguistique romane* 15 (mas publicada em 1945); reproduzido como monografia, Paris – Genève, Droz – Minard, 1956, 109 p.

- 1955, *Économie des changements phonétiques*, Berne, Franck Verlag, 396, reedição revista pelo autor 2005, Maisonneuve & Larose, 290 p.

- 1965, De la morphonologie, *La Linguistique* I (1): 15-30.

- 1967, Syntagme et synthème, *La Linguistique* 3 (2): 1-14.

- 1969, Analyse linguistique et présentation des langues, *Annali de la Facoltà di Magistero dell'Università di Palermo*, pp. 143-158.

- 1969, Réalisations identiques de phonèmes différents, *La Linguistique* 2: 127-129.

- 1974, *Le français sans fard*, Paris, Presses Universitaires de France, 222 p.

- 1974, *Sintaxis Funcional*, Ediciones Universitarias de Valparaíso, 36 p.

- 1975, Diachronie et synchronie dynamique, *Évolution des langues et reconstruction*, Paris, P.U.F., pp. 5-10.

- 1975, *Évolution des langues et reconstruction*, Paris, P.U.F., 264 p.

- 1977, Les fonctions grammaticales, *La Linguistique* 13 (2): 3-14.

- 1979, *Grammaire fonctionnelle du français*, Paris, Didier, 276 p.

- 1980 (1.ª edição 1960), *Éléments de linguistique générale*, Paris, Armand Colin, 223 p. (trad. portuguesa de Jorge Morais BARBOSA, *Elementos de Linguística Geral*, 1985, Lisboa, Sá da Costa)

- 1983, Ce que n'est pas la phonologie, Paris, Larousse, *Langue Française* 60: 6-13.

- 1985, *Syntaxe Générale*, Paris, Armand Colin, 266 p.

- 1985, Thème, propos, agent et sujet, *La Linguistique* 21: 207-220.

- 1986, *Des steppes aux océans. L'indo-européen et les "Indo-Européens"*, Paris, Payot, 274 p.

- 1989, *Fonction et dynamique des langues*, Paris, Armand Colin, 210 p. (trad. portuguesa de Jorge Morais BARBOSA e M. Joana Vieira SANTOS, 1995, Coimbra, Livraria Almedina)

MARTINET Jeanne – 1973, *Clefs pour la sémiologie*, Paris, Seghers, 255 p.

- 1999, Le synthème, bibliographie, *La Linguistique* 35 (2): 17-21.

MARTINET Jeanne (dir.) – 1972, *De la théorie linguistique à l'enseignement de la langue*, Paris, P.U.F., 239 p.

MOREL Mary-Annick e Laurent DANON-BOILEAU – 1998, *Grammaire de l'intonation*, Paris, Ophrys, 231 p.

MOUNIN Georges – 1963, *Les problèmes théoriques de la traduction*, Paris, Gallimard, 297 p.

– 1967, *Histoire de la linguistique des origines au XXe siècle*, Paris, P.U.F., 226 p.

– 1968, *Clefs pour la linguistique*, Paris, Seghers, 187 p.

– 1972, *La linguistique du XXe siècle*, Paris, P.U.F., 253 p.

– 1992, Sur la mort des langues, *La Linguistique* 28 (2): 149-158.

– 1994, *Travaux pratiques de sémiologie générale* (textos reunidos e publicados por Alain BAUDOT e Claude TATILON), Toronto, GREF, 320 p.

PIKE Kenneth L. – 1968, *Phonemics: a Technic for Reducing Languages to writing*, Ann Arbor, Michigan, (1.ª edição 1947), 254 p.

PIKE Kenneth L. e Evelyn L. PIKE – 1983, *Text and Tagmeme*, London, Frances Pinter, 125 p.

– 1995, *L'analyse grammaticale. Introduction à la tagmémique* (trad. do inglês por Laurence BOUQUIAUX e Pierre DAUBY), Paris, Peeters-SELAF (NS 26), 484 p.

POTTIER Bernard – 1974, *Linguistique générale. Théorie et description*, Paris, Klincksieck, 339 p.

– 1992, *Sémantique générale*, Paris, P.U.F., 237 p.

– 2000, *Représentations mentales et catégorisations linguistiques*, Paris, Peeters, 317 p.

PRIETO Luis J. – 1966, *Messages et signaux*, Paris, P.U.F., 170 p.

RICH Furne – 1963, Arabela phonemes and high-level phonology, *Studies in Peruvian Indian Languages* I: 193-206.

SALA Marius – 1970, *Estudios sobre el judeoespañol de Bucarest*, México, Universidad Nacional Autónoma de México, 196 p.

SALAS Adalberto – 1992, *El mapuche o araucano. Fonología, gramática y antología de cuentos*, Madrid, MAPFRE (Colección lenguas y literaturas indígenas), 398 p.

SAPIR Edward – 1967 (edição do original em inglês 1920), *Le langage* (trad. de S.M. GUILLEMIN), Paris, Payot, 510 p.

SAUSSURE Ferdinand de – 1916, *Cours de Linguistique Générale* (ed. crítica preparada por Tulio DE MAURO), 1980, Paris, Payot, 510 p.

SCHOGT Henry G. – 1976, *Sémantique synchronique: synonymie, homonymie, polysémie*, University of Toronto Press, 135 p.

SCHÜTZ Albert – 1979, English loanwords in fijian, *Fijian language studies: Borrowing and pidginization*, pp. 1-50.

SELLA-MAZI Eleni – 1999, *La minorité musulmane turcophone de Grèce: approche sociolinguistique d'une communauté bilingue*, Corfou, Troxalia, 438 p.

SERBAT Guy – 1981, *Cas et fonctions*, Paris, P.U.F., 211 p.

STATI Sorin – 1990, *Le transphrastique*, Paris, P.U.F., 172 p.

STEFANINI Jean – 1994, *Histoire de la grammaire*, Paris, CNRS Éditions, 287 p.

SWIGGERS Pierre – 1997, *Histoire de la pensée linguistique*, Paris, P.U.F., 312 p.

TABOURET-Keller Andrée – 1969, La motivation des emprunts, *La Linguistique* 5 (1): 25-60.

– 1982, Entre bilinguisme et diglossie: du malaise des cloisonnements universitaires au malaise social, *La Linguistique* 18 (1): 17-43.

TCHEKHOFF Claude – 1978, *Aux fondements de la syntaxe: l'ergatif*, Paris, P.U.F., 202 p.

TESNIÈRE Lucien – 1959, *Éléments de syntaxe structurale*, Paris, Klincksieck, XXVI + 670 p.

THOMAS Jacqueline M.C., Luc BOUQUIAUX e France CLOAREC-HEISS, 1976, *Initiation à la phonétique articulatoire et distinctive*, Paris, P.U.F., 253 p.

TROUBETZKOY Nicolas S. – 1957 (trad. de Jean CANTINEAU, 1.ª edição 1949), *Principes de Phonologie*, Paris, Klincksieck, XXXIV + 396 p.

TRUDGILL Peter – 1986, *Dialects in contact*, Oxford, Basil Blackwell.

TSITSIPIS Lukas – 1989, Skewed performance and full performance in language obsolescence: The case of an Albanian variety, *in* DORIAN (dir.), *Investigating obsolescence*, pp. 117-137.

– 1991, Terminal fluent-speaker interaction and the contextualization of deviant speech, *Journal of Pragmatics* 15 (2): 143-163.

VALTCHEVA Dragomira – 2001, Δυναμική τής γλώσσς των βυζαντινών μυθιστορημάτωντ: οι παραλλαγές στη δήλωση των τοπικών σχέσεων, *in* Christos CLAIRIS (ed.), *Recherches en linguistique grecque*, vol. II, Paris, L'Harmattan, pp. 299-302.

VARDAR Berke – 1984, *Une introduction à la phonologie*, Istanbul, Acar, 163 p.

– 1989, André Martinet et la linguistique fonctionnelle, *Hommage à André Martinet à l'occasion de son 80ᵉ anniversaire*, Istanbul, Librairie ABC, pp. 51-59.

VENDRYES Joseph – 1968 (1ª. edição 1921), *Le langage*, Paris, Albin Michel, 444 p.

WALTER Henriette – 1976, *La dynamique des phonèmes dans le lexique français contemporain*, Paris, France Expansion, 481 p.

– 1977, *La phonologie du français*, Paris, P.U.F., 162 p.

– 1982, *Enquête phonologique et variétés régionales du français*, Paris, P.U.F., 253 p.

– 1983, La nasale vélaire. Un phonème du français?, *La langue française* 60: 14-29.

– 1984, Entre la phonologie et la morphologie. Variantes libres et fluctuations, *Folia linguistica* XVIII (1-2): 65-72.

– 988, *Le français dans tous les sens*, Paris, Robert Laffont, 384 p.

- 1988, Les changements phonétiques "vrais" et les autres. Les fluctuations sont-elles inévitables?, *Actes du XIIIe Colloque International de Linguistique Fonctionnelle, Corfou 1986*, Atenas, pp. 49-51.

WALTER Henriette e Gérard WALTER – 1988, *Bibliographie d'André Martinet et comptes rendus de ses œuvres*, Paris, Peeters-SELAF (NS 20), 114 p. (com complemento de 24 páginas em 1998).

WEINREICH Uriel – 1953, *Languages in contact*, New York, Publications of the Linguistic Circle of New York, reeditado em 1963, The Hague, Mouton, 149 p.

WHORF Benjamin Lee – 1956, *Language, Thought & Reality*, Cambridge, The M.I.T. Press, 278 p.

GLOSSÁRIO DE ALGUNS
DOS TERMOS UTILIZADOS

ACTUALIZAÇÃO   A actualização consiste em conferir a um monema o papel de núcleo. Corresponde a uma relação de implicação recíproca, tendo o núcleo necessidade de um actualizador para funcionar e reciprocamente. Esta relação pode representar ou uma determinação simples ou uma relação de tipo funcional, como é o caso de um verbo actualizado pela função sujeito. O elemento determinante serve, em certa medida, para fazer funcionar a língua, ou, por outras palavras, para "actualizar o predicado". É indispensável, enquanto actualizador, para que o ouvinte não tenha quaisquer dúvidas em identificar o que ouve como um enunciado e não como o produto de um movimento reflexo.

AFIXOS   O termo *afixos* (*prefixos, sufixos, infixos*) é reservado para os elementos da derivação. Trata-se de monemas *sempre ligados*, isto é, de monemas que apenas aparecem integrados em sintemas e para os quais não se prevê a existência de classes particulares.

APOSIÇÃO   Expansão que introduz uma informação suplementar, a qual se reporta a uma realidade já bem definida à partida, mas que, no caso de suprimirmos a eventual marca da relação apositiva, se apresenta enquadrada na mesma relação que o seu núcleo com o resto do enunciado: *Henri IV, roi de France* (A. Martinet, *Syntaxe Générale*, p. 114), tal como, em português, *D. João I, rei de Portugal*.

ATRIBUTO   Relação sintáctica (função ou determinação simples) que permite atribuir uma qualidade a um elemento por meio de um verbo ou de um conector especializado [A tradição gramatical portuguesa utiliza a designação *predicativo do sujeito* ou *predicativo do complemento directo*. N. da T.].

CLASSE
SINTÁCTICA   Agrupamento de monemas e sintemas organizado de acordo com as suas respectivas compatibilidades e exclusões mútuas. Os parassintemas também são agrupados em classes que lhes são próprias.

COMPATIBILIDADE	Faculdade que dois ou mais monemas ou sintemas de uma dada língua possuem, para poderem ser empregues em conjunto e ligados por meio de uma relação sintáctica.
COMPATIBILIDADES ESPECÍFICAS	Compatibilidades que indicam uma relação particular com uma classe, como no caso das modalidades verbais em francês e em português.
CONECTORES	Monemas ou sintemas que servem para ligar duas outras unidades, seja numa relação de determinação, seja numa relação de coordenação. O uso prototípico destas unidades num enunciado implica a existência de duas outras entre as quais estabelecem uma ligação. Sem qualquer restrição de pertença a uma categoria apenas, distinguem-se nos conectores, conforme os casos, entre: a) conectores que ligam um monema determinante a um núcleo não predicado (*le bureau de mon père* em francês, ou *o escritório de advocacia* em português); b) conectores que ligam um monema determinante a um núcleo central (*je vais à l'école*, como *vou a Lisboa*, ou ainda *pater filium amat*); c) conectores de subordinação, que ligam um monema determinante, empregue como núcleo (predicatóide de uma oração subordinada), a um núcleo central (predicado), (*je vois qu'il arrive* ou *vejo que chegou*); d) conectores de coordenação (*un élève intelligent et très sportif*, como *um aluno inteligente e muito atlético*).
CONJUNTO	Agrupamento de monemas e de sintemas que dificilmente admitem uma classificação mediante os critérios estritos de compatibilidade e de exclusão mútua.
DETERMINAÇÃO PARENTÉTICA	Determinação que tem o valor de um parênteses, como em *les garçons, grands et forts* (A. Martinet, *Syntaxe Générale*, p. 113), ou, em português, *os homens, cansados,...*
DETERMINAÇÃO SELECTIVA	Determinação que introduz um valor selectivo. Por exemplo, em *les grands garçons*, a determinação selectiva exclui do conjunto considerado todos os rapazes que não sejam grandes. (A. Martinet, *Syntaxe Générale*, p. 113), tal como acontece, em português, com a exclusão de todos os homens que não estejam cansados do conjunto considerado em *os homens cansados*.
DETERMINAÇÃO SIMPLES	No caso de uma determinação simples, só pode haver um tipo de relação fundamental entre as duas unidades ligadas, uma das quais determinará forçosamente a outra, caso em que consideraremos portanto uma ligação *unirrelacional*. Estabelecemos que os cambiantes semânticos estabelecidos por uma "determinação selectiva" ou uma "determinação

parentética", bem como por uma aposição, representam sempre a mesma relação fundamental de uma determinação simples e não de uma função.

FLUTUAÇÃO
DE FONEMAS
A possibilidade de um mesmo locutor, nas mesmas circunstâncias, fazer alternar livremente dois ou mais fonemas na mesma unidade significativa, apenas para certas unidades do léxico.

FRASE
Raio de acção de um só núcleo central. O conjunto dos monemas que se encontram ligados por relações de determinação ou de coordenação a um mesmo predicado ou a vários predicados coordenados. O conjunto constituído por um *núcleo central (predicado)* e os elementos que dele dependem.

FUNÇÃO
Unidade linguística que permite especificar o tipo de determinação entre duas unidades significativas, as quais podem sustentar entre si mais do que um tipo de relação, e em que uma assume o papel de núcleo central (predicado) ou de predicatóide (núcleo central da proposição subordinada).

FUNÇÃO
CIRCUNSTANCIAL
Função facultativa que não depende directamente do semantismo do núcleo central e que, a esse título, pertence à zona periférica. O utente da língua, alternando a escolha dos monemas conectores, pode repetir a função circunstancial tantas vezes quantas desejar.

FUNÇÃO SUJEITO
Função obrigatória, que une um monema verbal ao seu actualizador plurifuncional.

FUNÇÕES ESPECÍFICAS
Funções dependentes das virtualidades semânticas do núcleo central e que, a esse título, pertencem à zona central da frase. Só podem exprimir-se uma vez.

GRUPO
Agrupamento de várias classes sintácticas próximas entre si. Por exemplo, o *grupo dos nominais*, tanto em francês como em português.

IMPOSIÇÃO
DE COEXISTÊNCIA
Existe quando o uso de uma unidade da classe A implica ao mesmo tempo, de um ponto de vista sintáctico, a presença de uma unidade da classe B e / ou C, e, de um ponto de vista morfológico, a impossibilidade de separação formal dos elementos em questão.

INFIXOS
Ver *afixos*.

MODALIDADES
Unidades que podem determinar outras sem que elas próprias possam ser determinadas. São monemas unicamente determinantes, nunca determináveis, cujo aparecimento num enunciado está sujeito à presença de um outro monema que lhes sirva de suporte.

MONEMA	Efeito de sentido correspondente a uma diferença formal. Unidade significativa mínima.
MONEMAS FUNCIONAIS	Termo proposto por Martinet para designar os monemas conectores.
MORFOLOGIA	Estudo de todas as constrições e liberdades formais. A sua delimitação implica que, no âmbito do signo linguístico, o significante e o significado, ainda que estreitamente ligados, não ocupem o mesmo plano. O significante existe para manifestar o significado.
NÚCLEO CENTRAL (PREDICADO)	Núcleo relacional de um enunciado autónomo, monema, sintema ou parassintema central, ao qual se encontram ligadas, directa ou indirectamente, todas as expansões obrigatórias ou facultativas. O núcleo central é o núcleo relacional para o qual convergem todas as cadeias de determinação de um enunciado, o núcleo em torno do qual se ligam todos os outros elementos.
PARASSINTEMAS	Unidades complexas que respondem positivamente ao primeiro critério de identificação dos sintemas, isto é, a impossibilidade de determinação individual das partes que os compõem. O seu estatuto corresponde ao de uma unidade do léxico, uma vez que têm compatibilidades que lhes são próprias. É necessário considerar classes sintácticas constituídas unicamente por este tipo de unidades.
PERTINÊNCIA	Princípio que exige, além da determinação do objecto de estudo, a opção por uma perspectiva para o seu estudo.
PREDICADO	Ver *núcleo central*.
PREFIXOS	Ver *afixos*.
RELAÇÃO SINTÁCTICA	O termo é utilizado como um hiperónimo que abrange, no quadro da subordinação, tanto uma *determinação simples* como uma determinação que seja também uma *função*.
RESTRIÇÃO DE COEXISTÊNCIA	Situação que ocorre quando uma classe A não pode ser determinada, ao mesmo tempo, pelas classes B e C, ambas compatíveis com ela. A determinação por uma exclui a determinação pela outra em simultâneo.
SILEMA	Sintagma cujos determinantes são exclusivamente modalidades.
SINTAGMA	Conjunto constituído por um núcleo, os seus determinantes e, eventualmente, o conector que o liga aos outros elementos do enunciado.

SINTAXE	A sintaxe consiste fundamentalmente em analisar através de que meios as relações existentes entre os elementos da experiência, e que não são relações de sucessividade, podem ser assinaladas numa sucessão de unidades linguísticas, de maneira a que o receptor da mensagem consiga reconstruir essa experiência. Para que haja sintaxe, é necessário que haja a marca de uma cristalização sintáctica.
SINTAXE CONECTIVA	A sintaxe conectiva concretiza-se através da conexão semântica de dois monemas não verbais que constituem um enunciado completo. A conexão pode ser directa ou indirecta e realiza-se, neste último caso, por meio de um monema não verbal ou de um verbo. A sintaxe conectiva desenvolve-se essencialmente para satisfazer as necessidades comunicacionais de atribuição de uma qualidade a uma dada entidade, de classificação de uma entidade num dado conjunto, ou de identificação dessa mesma entidade em relação a outras entidades semelhantes. Neste caso, corresponde a uma estrutura de equivalência ou de solidariedade semântica. Em algumas línguas, serve também para localizar, apresentar ou comprovar a existência de uma entidade.
SINTAXE NUCLEAR	A sintaxe nuclear define-se, nas línguas dotadas de oposição verbo-nominal, como um tipo de construção em que o verbo-núcleo distribui as funções sintácticas (sujeito, complemento directo, etc.) às unidades que gravitam em seu redor como se fossem satélites.
SINTEMA	Toda e qualquer unidade do léxico composta por dois ou mais monemas, mas cujo comportamento é idêntico ao de um monema único. Estabelecem-se duas condições *sine qua non* como condições que permitem identificar o sintema: a) a impossibilidade de determinar individualmente os monemas que constituem um sintema, o que equivale a afirmar que qualquer determinação abrange a totalidade dos elementos, e b) a obrigação, para todo e qualquer sintema, de se integrar numa classe pré-estabelecida de monemas, o que significa que um sintema apresenta as mesmas compatibilidades que um monema único pertencente à mesma classe sintáctica.
SUBORDINANTES	Monemas conectores, que ligam um monema determinante, empregue como núcleo (predicatóide de uma proposição subordinada) e um núcleo central (predicado), (*je vois qu'il arrive, vejo que ele chegou*).
SUFIXOS	Ver *afixos*.

TRANSFERÊNCIA	O conceito de *transferência* designa o emprego de uma unidade, que pertence pelas suas qualidades a uma classe bem identificada, com as compatibilidades de uma outra classe, o que é, por exemplo, o caso dos adjectivos usados em lugar dos nomes.
TROPOLOGIA	O estudo das variações possíveis e não obrigatórias: a) na escolha das unidades de segunda articulação sem que a identidade das unidades de primeira articulação seja afectada; b) da combinação das unidades de primeira articulação que constituem uma mensagem, bem como das marcas de função, sem que a identidade dessa mesma mensagem seja afectada.
VARIAÇÕES CONDICIONADAS	Variações ligadas a um factor externo, como a idade, o sexo, o nível social, o nível de escolaridade, a região, a apreciação subjectiva da língua, a situação particular da comunicação, etc.
VARIAÇÕES OBRIGATÓRIAS E CONTEXTUAIS	Variantes do significante do mesmo monema ligadas ao contexto linguístico (factores internos), mas independentes de um condicionamento fonológico, e que não implicam uma diferença de sentido.
VERBO	A presença de uma classe de verbos numa dada língua manifesta-se se e só se as unidades significativas mínimas susceptíveis de pertencerem a essa classe forem o suporte exclusivo de determinantes gramaticais específicos, designados então pelo nome de modalidades verbais. Por outras palavras, o teste diagnóstico para constatar que a cristalização ocorreu de facto na classe verbal consiste na presença de modalidades específicas ligadas a uma só classe de vocação predicativa exclusiva.
VERBO CONECTIVO	Verbo especializado no estabelecimento da conexão, pelo que a sua valência, por essa mesma razão, inclui a função de atributo (ver *atributo*).
ZONA CENTRAL	Zona sob a influência directa do núcleo central e que também o inclui.
ZONA PERIFÉRICA	Zona geralmente facultativa em que o locutor tem a possibilidade de acrescentar mais especificações à sua mensagem, especificações essas que não são directamente exigidas pelo semantismo do núcleo central.

ÍNDICE

RESUMOS	5
SUMÁRIO	13
1. INTRODUÇÃO	15
No rumo de uma linguística inacabada	15
No rumo de uma linguística científica	18
No rumo de uma linguística dinâmica	21
2. ESTRUTURA E LIBERDADE LINGUÍSTICAS	25
Variação e flutuação de fonemas	25
A tropologia	40
Da previsibilidade	47
3. NO LIMIAR DA SINTAXE: AS CLASSES	49
As origens	49
O que classificamos?	55
Partindo da dupla articulação	56
Os critérios para a descoberta das classes	57
Do método	62
Léxico e sintaxe	63
Em busca de uma oposição verbo–nominal	68
A coexistência: restrição e imposição de coexistência	68
Classes, conjuntos, grupos	71
4. NO CORAÇÃO DA SINTAXE: FUNÇÕES E NÚCLEO CENTRAL	75
Definição da sintaxe	75
Determinação simples	77
Actualização	79
Funções	80
Zona central – Zona periférica	87
Núcleo central	89
Sintaxe nuclear – Sintaxe conectiva	90
Uma hipótese de glossogénese	92

5. O PROCESSO DE DESAPARECIMENTO DAS LÍNGUAS 95
   A. Como desaparecem as línguas? Tipologia 96
   B. Os factores externos 99
   C. Os factores internos 101

INDICAÇÕES BIBLIOGRÁFICAS 105

GLOSSÁRIO DE ALGUNS DOS TERMOS UTILIZADOS 117

ÍNDICE 123